AF305443

Tremolier pinx. a Paris chez Duchange . P.B. Beauvais sculp.

J'irai et je verrai mon Fils. Gene. 45.

OFFICE
PROPRE
POUR LA FESTE
DE NOTRE-DAME
DES VERTUS,

Patrone de la Communauté des Maîtres Bour-
reliers, Bâtiers & Hongroyeurs de la Ville
& Fauxbourgs de Paris, érigée en l'Eglise
Collégiale & Paroissiale de S. Honoré.

Cette Fête se célebre toujours le deuxiéme
Mardi de May.

A PARIS,

Chez MONTALANT, Quai des August'ns.

___

M. DCC. LIV.

8.º Z   ...   11. 116

OFFICE
PROPRE
POUR LA FESTE
DE NOTRE-DAME
DES VERTUS,

Patrone de la Communauté des Maîtres Bourreliers, Bâtiers, Hongroyeurs de la Ville & Fauxbourgs de Paris. Erigée en l'Eglise Collégiale & Paroissiale de Saint Honoré.

Cette Fête se célebre toujours le deuxiéme Mardi de May.

L'ORDINAIRE DE LA MESSE.

In nómine Patris, & Fílii & Spíritûs sancti. ℟. Amen.

Ntroíbo ad altáre Dei ; ℟. ad Deum qui lætíficat juventútem meam.

A

Pseaume 42.

JUdica me, Deus, & discérne causam meam de gente non sancta : * ab hómine iníquo & dolóso érue me. ℟. Quia tu es, Deus, fortitúdo mea , * quare me repulísti , & quare tristis incédo , dum affligit me inimícus ?

Emítte lucem tuam , & veritátem tuam : * ipsa me deduxérunt & adduxérunt in montem sanctum tuum ; & in tabernácula tua. ℟. Et introíbo ad altáre Dei : * ad Deum qui lætíficat juventútem meam.

Confitébor tibi in cíthara , Deus, Deus meus : * quare tristis es ánima mea , & quare conturbas me ? ℟. Spera in Deo , quóniam adhuc confitébor illi , * salutáre vultûs mei , & Deus meus.

Glória Patri & Fílio , & Spirítui sancto : ℟. Sicut erat in princípio, & nunc & semper : & in sécula seculórum. Amen.

Introíbo ad altáre Dei ; ℟. Ad Deum qui lætíficat juventútem meam.

Adjutórium nostrum in nómine Dómini.

℟. Qui fecit cœlum & terram.

Aux Messes des Morts , on ne dit point le Pseaume Júdica.

Confession du Prêtre.

COnfiteor Deo omnipotenti, beátæ Maríæ semper vírgini, beáto Michaéli Archángelo ; beáto Joanni Baptíſtæ, ſanctis Apóſtolis Petro & Paulo, ómnibus Sanctis, & vobis, fratres, quia peccávi nimis cogitatióne, verbo & ópere, meâ culpâ, meâ culpâ, meâ máximâ culpâ. Ideò precor beátam Maríam semper vírginem, beátum Michaélem Archángelum, beátum Joannem Baptíſtam, ſanctos Apóſtolos Petrum & Paulum, omnes Sanctos, & vos, Fratres, oráre pro me ad Dóminum Deum noſtrum.

Les Aſſiſtans répondent :

MIſereátur tuî omnípotens Deus, & dimíſſis peccátis tuis, perdúcat te ad vitam ætérnam. ℞. Amen.

Confeſſion des Aſſiſtans.

COnfiteor Deo omnipotenti, beátæ Maríæ semper vírgini, beáto Michaéli Archángelo, beáto Joanni Baptíſtæ, ſanctis Apóſtolis Petro & Paulo, ómnibus ſanctis, & tibi, Pater, quia peccávi nimis cogitatióne, verbo, & ópere, meâ culpâ, meâ culpâ, meâ máximâ culpâ. Ideò precor beátam Mariam semper vírginem, beátum Michaélem Archángelum, beátum Joannem Baptíſtam, ſanctos Apóſtolos Petrum & Paulum,

omnes Sanctos, & te, Pater, oráre pro
me ad Dóminum Deum noftrum.

Le Prêtre répond :

MIfereátur veftri omnípotens Deus,
& dimiffis peccátis veftris, perdúcat vos ad vitam æternam. ℟. Amen.

INdulgéntiam, abfolutiónem, & re-
miffiónem peccatórum noftrórum tri-
buat nobis omnípotens & miféricors Dóminus. ℟. Amen.

Deus, tu converfus vivificábis nos.
℟. Et plebs tua lætábitur in te.

Ofténde nobis, Dómine, mifericór-
diam tuam. ℟. Et falutare tuum da nobis.

Dómine, exaudi oratiónem meam.
℟. Et clamor meus ad te véniat.

Dóminus vobifcum. ℟. Et cum fpíritu
tuo.

Orémus.

AUfer à nobis, quæfumus Dómine,
iniquitátes noftras ; ut ad fancta
fanctórum puris mereámur méntibus in-
troíre ; Per.

*Aux Meffes folemnelles, le Soudiacre pré-
fente la croix au Prêtre, qui la baife en
difant :*

Adorámus te, Chrifte, & benedícimus tibi, quia per crucem tuam redemif-
ti mundum.

Le Prêtre baisant l' Autel :

ORámus te, Dómine, per mérita Sanctórum tuórum, quórum relíquiæ hîc sunt, & ómnium Sanctórum, ut indulgére dignéris ómnia peccáta mea. Amen.

Bénédiction de l'encens.

Ab illo benedicáris in cujus hónore cremáberis. Amen.

Après l'Introït, le Prêtre & les Assistans disent alternativement :

Kyrie eléison. Kyrie eléison. Kyrie eléison. Christe eléison. Christe eléison. Christe eléison. Kyrie eléison. Kyrie eléison. Kyrie eléison.

GLória in excélsis Deo : Et in terra pax homínibus bonæ voluntátis. Laudámus te. Benedícimus te. Adorámus te. Glorificámus te. Grátias ágimus tibi propter magnam glóriam tuam. Dómine Deus, Rex cœléstis, Deus Pater omnípotens. Dómine Fili unigénite, Jesu Christe, Dómine Deus, Agnus Dei, Fílius Patris. Qui tollis peccáta mundi, miserére nobis. Qui tollis peccáta mundi, súscipe deprecatiónem nostram. Qui sedes ad déxteram Patris, miserére nobis. Quóniam tu solus sanctus ; Tu solus Dóminus ; Tu solus altíssimus, Jesu Christe, Cum sancto Spiritu in glória Dei Patris. Amen.

Le Prêtre se tourne vers l'Assemblée, & dit:

Dóminus vobíscum. ℟. Et cum spíritu tuo.

*Pendant que le Chœur chante le Graduel ;
le Diacre, dans les grandes Messes, met
le livre des Evangiles au milieu de l'autel,
& dit :*

MUnda cor meum, ac làbia mea,
omnípotens Deus, qui làbia Isaïæ
Prophétæ cálculo mundàsti igníto : ita
me tuâ gratâ miseratióne dignàre mun-
dàre, ut sanctum Evangélium tuum dignè váleam nuntiàre ; Per Christum Dóminum nostrum. Amen.

*Il prend le Livre de dessus l'Autel, en
disant :*

Jube, domne, benedícere.

Le Prêtre répond :

DOminus sit in corde tuo & in làbiis
tuis, ut dignè & competenter an-
núnties Evangélium suum ; in nómine
Patris, & Filii, & Spíritûs sancti. Amen.

Le Prêtre benit l'encens, en disant :

Ab illo benedicáris, in cujus honóre
cremáberis.

*Le Diacre, avant de chanter l'Evan-
gile, dit :*

Dóminus vobíscum. ℟. Et cum spíritu tuo.

Inítium, *ou* Sequéntia sancti Evangélii secundùm *N.* ℟. Glória tibi, Dómine.

Apres l'Evangile, le Soudiacre porte le Livre ouvert au Prêtre, en disant :

Hæc sunt verba sancta.

Le Prêtre en baisant l'Evangile, répond :

Credo, & confiteor.

Dans les Messes basses, le Prêtre après le Munda cor meum, comme ci-dessus, dit :

Dóminus sit in corde meo & in lábiis meis, ut dignè & competenter annúntiem Evangélium suum. Amen.

Après l'Evangile, il dit en le baisant :

Per Evangélica dicta deleantur nostra delicta.

CRedo in unum Deum, Patrem omnipoténtem, Factórem cœli & terræ, Visibílium ómnium & invisibílium : Et in unum Dóminum Jesum Christum, Fílium Dei unigénitum ; Et ex Patre natum ante ómnia sécula ; Deum de Deo, lumen de lúmine, Deum verum de Deo vero ; génitum, non factum, consubstantiálem Patri, per quem ómnia facta sunt ; Qui propter nos hómines, & propter nostram salútem descéndit de cœlis ; Et incarnátus est de Spíritu sancto ex Maria vírgine ; & Homo factus est ; Crucifíxus étiam pro nobis sub Póntio Piláto, passus, & sepultus est ; & resurrexit tértiâ die secundùm scriptúras ; & ascendit in cœlum , sedet ad déxteram Patris ; & íterùm ventúrus est cum glória judicáre vivos & mórtuos ; cujus regni non erit finis : Et in Spíritum sanctum Dóminum & vivificántem ; qui ex Patre Filióque procédit ; qui cum Patre & Fílio simul adorátur, & conglorificátur ; qui locútus est per Prophétas : Et unam , sanctam , Cathólicam , & Apostólicam Ecclésiam. Confiteor unum baptísma in remissiónem peccatórum ; & expecto resurrectiónem mortuórum , & vitam ventúri séculi. Amen.

Ensuite le Prêtre dit :

Dóminus vobíscum. R̞. Et cum spíritu tuo.

Si on offre du pain pour le bénir , il dit :

   Adjutórium nostrum in nómine Dómini , R̞. Qui fecit cœlum & terram.

   Dóminus vobíscum. R̞. Et cum spíritu tuo.

Orémus.

Domine Jesu Christe , panis Angelórum , panis vivus ætérnæ vitæ ; bene-† dicere dignáre panem istum (*ou* panes istos) sicut benedixísti quinque panes in deserto : ut omnes ex eo (*ou* ex eis) gustántes, inde córporis & ánimæ percípiant sanitátem ; Qui vivis & regnas in sécula seculórum. ℞. Amen.

Il dit l'Offertoire, ensuite il offre le pain qui doit être consacré, en disant :

Súscipe, sancte Pater, omnípotens, æterne Deus, hanc immaculátam hóstiam, quam ego indignus famulus tuus óffero tibi Deo meo vivo & vero, pro innumerabílibus peccátis & offensiónibus, & negligéntiis meis, & pro ómnibus circumstántibus ; sed & pro ómnibus fidélibus Christiánis, vivis atque defunctis : ut mihi & illis profíciat ad salútem in vitam æternam. Amen.

Il met le vin & l'eau dans le calice en disant :

Deus, qui humánæ substántiæ dignitátem mirabíliter condidísti, & mirabílius reformásti : da nobis per hujns aquæ & vini mystérium, ejus divinitátis esse consortes, qui humanitátis nostræ fieri dignátus est párticeps, Jesus Christus Fílius tuus Dóminus noster ; Qui tecum vivit & regnat in unitáte Spíritûs sancti Deus, per ómnia sécula seculórum. Amen.

Offrant le Calice, il dit :

Offérimus tibi, Dómine, cálicem salutáris, tuam deprecantes cleméntiam, ut in conspéctu divínæ majestátis tuæ pro nostra & totíus mundi salúte cum odóre suavitátis ascendat. Amen.

In spíritu humilitátis , & in ánimo contríto suscipiámur à te , Dómine ; & sic fiat sacrificium nostrum in conspéctu tuo hódie , ut pláceat tibi , Dómine Deus.

Veni , Sanctificátor omnípotens , æterne Deus , & béne- † dic hoc sacrifícium tuo sancto nómini præparátum,

Aux fêtes solemnelles le Prêtre bénit l'encens , en disant :

Per intercessiónem beáti Archángeli stantis à dextris altáris incensi, & ómnium electórum suórum , dignétur Dóminus incensum istud bene- † dícere , & in odórem suavitátis accípere ; Per Christum.

Il encense les offrandes , en disant :

Incensum istud à te benedíctum ascendat ad te , Dómine ; & descendat super nos misericórdia tua.

Il encense l'Autel , en disant :

Dirigátur , Dómine , orátio mea , sicut incensum in conspéctu tuo : elevátio manuum meárum sacrificium vespertinum. Pone , Dómine , custódiam ori meo , & óstium circumstántiæ lábiis meis. Non declínes cor meum in verba malítiæ , ad excusándas excusatiónes in peccátis.

En rendant l'encensoir au Diacre , il dit :

Accendat in nobis Dóminus ignem sui

ſui amóris, & flammam æternæ caritátis.
Amen.

Il ſe lave les doigts, en diſant :

Lavábo inter innocentes manus meas,
& circúmdabo altáre tuum, Dómine ;

Ut audiam vocem laudis, & enarrem
univerſa mirabilia tua.

Dómine, dilexi decórem domûs tuæ ;
& locum habitatiónis glóriæ tuæ.

Ne perdas cum ímpiis, Deus, ánimam meam, & cum viris sánguinum
vitam meam.

In quorum mánibus iniquitátes ſunt :
déxtera eórum repléta eſt munéribus.

Ego autem in innocéntia mea ingreſ-
ſus ſum : redíme me, & miſerére meî.

Pes meus ſtetit in directo : in ecclé-
ſiis benedícam te, Dómine, *Pſ. 25.*
Glória Patri, & Fílio, & Spirítui ſanc-
to, &c.

En s'inclinant, il dit :

Súſcipe, ſancta Trínitas, hanc oblatiónem, quam tibi offérimus ob memóriam Paſſiónis Reſurrectiónis, & Aſcen-
ſiónis Jeſu Chriſti Dómini noſtri : & in
honórem beátæ Maríæ ſemper vírginis,
& beáti Joannis Baptiſtæ, & ſanctórum
Apoſtolórum Petri & Pauli, & iſtórum,
& ómnium Sanctórum ; ut illis profíciat
ad honórem, nobis autem ad ſalútem ;

& illi pro nobis intercédere dignentur in cœlis , quorum memóriam ágimus in terris ; Per eundem Chriſtum.

Il baiſe l'Autel , puis il dit :

Oráte , fratres , ut meum ac veſtrum ſacrifícium acceptábile fiat apud Deum Patrem omnipotentem.

℞. Suſcípiat Dóminus ſacrifícium de mánibus tuis , ad laudem & glóriam nóminis ſui ; ad utilitátem quoque noſtram , totíuſque Ecclésiæ ſuæ ſanctæ.

Le Prêtre répond , Amen , & dit enſuite une ou pluſieurs Secretes , qu'il finit ainſi :

PEr ómnia ſécula ſeculórum.
℞. Amen.

Dóminus vobiſcum : ℞. Et cum ſpíritu tuo.

Surſum corda. ℞. Habémus ad Dóminum.

Grátias agámus Dómino Deo noſtro. ℞. Dignum & juſtum eſt.

PRÉFACE COMMUNE
pour toutes les Meſſes qui n'en ont point
de propre.

VEré dignum & juſtum eſt , æquum & ſalutáre , nos tibi ſemper & ubíque grátias ágere , Dómine ſancte , Pater omnipotens , ætérne Deus , Per Chriſtum Dóminum noſtrum ; per quem majeſtátem tuam laudant Angeli, adórant Dominatiónes, tremunt Poteſtátes, cœli cœlórumque Virtútes, ac beáta Séraphim, ſóciâ exultatióne concélebrant. Cum quibus & noſtras voces ut admitti júbeas precámur, ſúpplici confeſſióne dicentes:

Sanctus, Sanctus, Sanctus, Dóminus Deus Sábaoth. Pleni ſunt cœli & terra glóriâ tuâ: Hoſanna in excelſis. Benedictus qui venit in nómine Dómini: Hoſanna in excelſis.

CANON DE LA MESSE.

TE ígitur, cleſſientíſſime Pater, per Jeſum Chriſtum Filium tuum Dóminum, ſúpplices rogámus ac pétimus, uti accepta hábeas & benedícas hæc † dona, hæc † múnera, hæc † ſancta ſacrificia illibáta; in primis quæ tibi offérimus pro Eccléſia tua ſancta Cathólica, quam pacificáre, cuſtodíre, adunáre & régere dignéris toto orbe terrarum; unà cum fámulo tuo Papa noſtro N. & Antíſtite noſtro N. & Rege noſtro N. & ómnibus orthodoxis, atque cathólicæ & apoſtólicæ fidei cultóribus.

Memoire des Vivans.

Memento, Dómine, famulórum, famularumque tuárum, (*le Prêtre fait memoire de ceux pour qui il veut prier*)

& ómnium circumſtántium , quorum
tibi fides cógnita eſt, & nota devótio ;
pro quibus tibi offérimus , vel qui tibi
ófferunt hoc ſacrificium laudis, pro ſe
ſuiſque ómnibus, pro redemptióne animárum ſuárum, pro ſpe ſalútis , & inco-
lumitátis ; tibíque reddunt vota ſua ,
æterno Deo vivo & vero.

Communicantes , & memóriam vene-
rantes , in primis gloriófæ ſemper vírginis Maríæ genitrícis Dei & Dómini
noſtri Jeſu Chriſti, ſed & beatórum Apoſtolórum ac Martyrum tuórum Petri &
Pauli, Andréæ, Jacóbi, Joannis, Tho-
mæ, Jacóbi, Philippi, Bartholomæi ,
Matthæi , Simónis & Thadæi , Lini ,
Cleti , Clementis, Xyſti , Cornelii , Cy-
priani , Lauréntii , Chryſogóni , Joannis & Pauli , Cofmæ & Damiani , &
ómnium Sanctórum tuórum , quorum
méritis precibuſque concédas , ut in ómnibus protectiónis tuæ muniámur auxí-
lio ; Per eumdem Chriſtum Dóminum
noſtrum. Amen.

Hanc ígitur oblatiónem ſervitútis no-
ſtræ , ſed & cunctæ famíliæ tuæ , quæ-
mus , Dómine , ut placátus accípias ,
dieſque noſtros in tua pace diſpónas ,
atque ab æterna damnatióne nos éripi ,
& in electorum tuórum júbeas grege

numerári ; Pér Chriſtum Dóminum noſtrum. Amen.

Quam oblatiónem tu , Deus , in
ómnibus, quæſumus , bene- † dictam ,
aſcrip- † tam, ra - tam, rationábilem ,
acceptábilemque fácere dignéris , ut nobis Cor- † pus & San- † guis fiat dilectí-
ſſimi Fílii tui Dómini noſtri Jeſu Chriſti , qui prídie quàm paterétur, accépit
panem in ſanctas ac venerábiles manus
ſuas ; & elevátis óculis in cœlum , ad te
Deum Patrem ſuum omnipotentem , tibi
grátias agens , bene- † dixit , fregit , de-
ditque diſcípulis ſuis , dicens : Accipite ,
& manducáte ex hoc omnes. Hoc eſt
enim corpus meum.

O ſalutáris Hóſtia , que cœli pandis
Oſtium ; bella premunt hoſtília , da robur
Fer auxílium.

*Acte de Foi que l'on peut faire pendant
l'Elévation.*

JE vous adore , ô mon Sauveur. Je
vous reconnois préſent dans ce My-
ſtère ; & je croi avec une foi dans laquelle
je vous demande la grace de mourir ,
que dans cette Hoſtie eſt contenu le Corps
même que vous avez immolé ſur la Croix
pour le ſalut de mon ame.

Je croi avec la même foi que ce Calice
contient le Sang adorable que vous avez

répandu pour moi , & que vous êtes tout
entier sous chacune des deux Especes: & je
vousdemande la grace de profiter de votre mort , dont nous renouvellons la mémoire dans ce Sacrifice. Amen.

Aux Messes des Morts.

Pie Jesu , Dómine , dona eis réquiem.
Pie Jesu , Dómine , dona eis requiem.
Pie Jesu , Dómine , dona eis requiem
sempiternam. Amen.

Simili modo postquam cœnátum est ,
accípiens & hunc præclárum Cálicem in
sanctas ac venerábiles manus suas : item
tibi grátias agens, bene- † dixit, dedit-
que discípulis suis , dicens : Accípite &
bibite ex eo omnes; Hic est enim Calix
Sángu nis mei. , novi & æterni Testa-
menti , mystérium fidei , qui pro vobis
& pro multis effundétur in remissiónem
peccatórum.

Hæc quotiescumque fecéritis in meî
mem riam faciétis.

Unde & mémores , Dómine , nos servi
tui , sed & plebs tua sancta , ejusdem
Christi Filii tui Dómini nostri , tam
beátæ Passiónis , necnon & ab ínferis
Resurrectiónis, sed & in cœlos gloriósæ
Ascensiónis , offérimus præcláræ maje-
státi tuæ de tuis donis ac datis , hóstiam †
puram , hóstiam † sanctam , hóstiam †

immaculátam, panem † sanctum vitæ
ætérnæ, & cálicem † salútis perpétuæ.

Supra quæ propítio ac seréno vultu
respícere dignéris, & accepta habére,
sicuti accepta habére dignatus es múnera
púeri tui justi Abel, & sacrificium Pa-
triarchæ nostri Abrahæ, & quod tibi ób-
tulit summus sacerdos tuus Melchísedech, sanctum sacrificium, immaculátam hòstiam.

Supplices te rogímus, omnípotens
Deus, jube hæc perferri per manus sancti
Angeli tui in sublíme altáre tuum, in
conspéctu divínæ majestátis tuæ; ut quotquot ex hac altáris participatióne sacrosanctum Fílii tui corpus † & sánguinem †
sumpsérimus; omni benedictióne cœ-
lésti, & grátiâ repleámur; Per eumdem
Christum Dóminum nostrum. Amen.

Mémoire des Morts.

Memento étiam, Dómine, famulórum, famularumque tuárum, qui nos
præcessérunt cum signo fidei; & dórmiunt in somno pacis.

*Le Prêtre fait memoire de ceux pour qui
il veut prier.*

Ipsis, Dómine, & ómnibus in Christo
quiescéntibus, locum refrigerii, lucis &
pacis ut indúlgeas deprecámur; per eumdem Christum Dóminum nostrum. Amen.

Il se frappe la poitrine, en disant :

Nobis quoque peccatóribus famulis tuis, de multitúdine miseratiónum tuárum sperántibus, partem áliquam & societátem donáre dignéris cum tuis sanctis Apóstolis & Martyribus; cum Joanne, Stéphano, Mathía, Bárnaba, Ignátio, Alexandro, Marcellíno, Petro, Felicitáte, Perpétuâ, Agathâ, Lúcia, Agnéte, Ceciliâ, Anastáliâ, & ómnibus Sanctis tuis : intra quorum nos consórtium, non æstimátor mériti, sed véniæ, quæsumus, largitor ádmitte; Per Christum Dóminum nostrum; Per quem hæc ómnia, Dómine, semper bona creas, sanctíficas †, vivíficas †, benedicis †, & præstas nobis : per ipsum †, & cum ipso † & in ipso †, est tibi Deo Patri † omnipotenti, in unitáte Spíritûs † sancti, omnis honor & glória; Per ómnia sécula seculórum. ℟. Amen.

Orémus. Præceptis salutáribus móniti, & divínâ institutióne formáti, audémus dícere :

Pater noster, qui es in cœlis, sanctificétur nomen tuum : Advéniat regnum tuum : Fiat volúntas tua; sicut in cœlo, & in terra : Panem nostrum quotidiánum da nobis hódie : Et dimitte nobis débita nostra, sicut & nos dimíttimus debitó-

ribus noſtris : Et ne nos indúcas in tentatiónem ; ℞. Sed líbera nos à malo.
Le Prêtre dit Amen; *puis il pourſuit* :

Líbera nos, quæſumus Dómine, ab ómnibus malis, prætéritis, præſéntibus, & futúris ; & intercedente beátâ & gloriósâ ſemper vírgine Dei genitrice Mariâ, cum beátis Apóſtolis Petro & Paulo, atque Andréa, & ómnibus Sanctis, da propítius pacem in diébus noſtris : ut ope miſericórdiæ tuæ adjúti, & à peccáto ſimus ſemper liberi, & ab perturbatióne secúri ; Per eumdem Dóminum noſtrum Jeſum Chriſtum Filium tuum, qui tecum vivit & regnat in unitáte Spíritûs ſancti Deus, per ómnia ſécula ſeculórum.

℞. Amen.

Pax † Dómini ſit † ſemper vobiſ-† cum.

℞. Et cum ſpíritu tuo.

Hæc commíxtio & conſecrátio Córporis & Sánguinis Dómini noſtri Jeſu Chriſti, fiat accipiéntibus nobis in vitam æternam. Amen.

Il ſe frappe la poitrine, en diſant :

Agnus Dei, qui tollis peccáta mundi, miſerére nobis.

Agnus Dei, qui tollis peccàta mundi, miſerére nobis.

Agnus Dei, qui tollis peccáta mundi, dona nobis pacem.

Aux Messes des Morts, au lieu de Miserére nobis, *on dit* dona eis réquiem : *au lieu de* dona nobis pacem, *on dit* dona eis réquiem sempiternam, *& on omet l'Oraison suivante.*

Dómine Jesu Christe, qui dixisti Apóstolis tuis : Pacem relinquo vobis, pacem meam do vobis ; ne respícias peccáta mea, sed fidem Ecclésiæ tuæ, eamque secundùm voluntátem pacificáre & coadunáre dignéris : Qui vivis & regnas Deus, per ómnia sécula seculórum. Amen.

Si le Prêtre doit donner la Paix, en la donnant, il dit : Pax tibi, Frater, & Ecclésiæ sanctæ Dei.

Dómine Jesu Christe, Fili Dei vivi, qui ex voluntáte Patris, cooperante Spíritu sancto, per mortem tuam mundum vivificasti ; libera me per hoc sacrosanctum Corpus & Sánguinem tuum, ab ómnibus iniquitátibus meis, & univerfis malis : & fac me tuis semper inhærére mandátis, & à te nunquam separári permittas ; Qui cum eódem Deo Patre & Spíritu sancto vivis & regnas Deus in sécula feculórum. Amen.

Percéptio Córporis tui, Dómine Jefu

Chrifte ; quod ego indignus fúmere præfumo , non mihi provéniat in judicium & condemnatiónem ; fed pro tua pietáte profit mihi ad tutamentum mentis & córporis , & ad medélam percipiendam ; Qui vivis & regnas cúm Deo Patre in unitáte Spíritûs fanchi Deus , per ómnia fécula feculórum. Amen.

Panem cœleftem accípiam , & nomen Dómini invocábo.

Le Prêtre dit trois fois la Priere fuivante.

Dómine , non fúm dignus ut intres fub tectum meum ; fed tantùm dic verbo , & fanábitur ánima mea.

Corpus Dómini noftri Jefu Chrifti cuftódiat ánimam meam in vitam æternam. Amen.

Quid retríbuam Dómino pro ómnibus quæ retribuit mihi ? Cálicem falutáris accípiam , & nomen Dómini invocábo. Laudans invocábo Dóminum , & ab inimícis meis falvus ero.

Sanguis Dómini noftri Jefu Chrifti cuftódiat ánimam meam in vitam æternam. Amen.

S'il y a quelques perfonnes à communier, on les communie. Le Prêtre en préfentant le Corps de notre Seigneur , dit: Corpus Dómini noftri Jefu Chrifti. *Le Commu-*

niant fait un acte de Foi, en répondant Amen ; *après quoi le Prêtre ajoûte*, custódiat ánimam tuam in vitam æternam.

Quod ore súmpsimus, Dómine, purâ mente capiámus : & de múnere temporáli fiat nobis remédium sempiternum.

Corpus tuum, Dómine, quod súmpsi, & Sanguis quem potávi adhæreat viscéribus meis ; &præsta, ut in me non remáneat scélerum mácula, quem pura & sancta refecérunt Sacramenta : Qui vivis & regnas in sécula seculórum. Amen.

Le Prêtre, après la Communion & la Postcommunion, dit :

Dóminus vobíscum : ℟. Et cum spíritu tuo.

Ite Missa est. ℟. Deo grátias.

Lorsque l'on n'a point dit Glória in excelsis, *on dit :* Benedicámus Dómino. ℟. Deo grátias.

Aux Messes des Morts, on dit : Requiescant in pace. ℟. Amen.

Pláceat tibi, sancta Trìnitas, obséquium servitútis meæ ; & præsta ut sacrificium quod óculis tuæ majestátis indignus óbtuli, tibi sit acceptábile, mihique & ómnibus pro quibus illud óbtuli, sit, te miserante, ferante, propitiábile; Per Christum Dóminum nostrum. Amen.

Benedicat vos ómnipotens Deus, Pater, & Filius, & Spiritus sanctus.

℟. Amen.

Dóminus vobiscum. ℟. Et cum Spíritu tuo.

Inítium sancti Evangélii secundùm Joannem. ℟. Glória tibi, Dómine.

IN princípio erat Verbum, & Verbum erat apud Deum, & Deus erat Verbum. Hoc erat in princípio apud Deum. Omnia per ipsum facta sunt; & sine ipso factum est nihil quod factum est. In ipso vita erat, & vita erat lux hóminum : & lux in ténebris lucet, & ténebræ eam non comprehendérunt. Fuit homo missus à Deo, cui nomen erat Joannes. Hic venit in testimónium, ut testimónium perhibéret de lúmine : ut omnes créderent per illum. Non erat ille lux ; sed ut testimónium perhibéret de lúmine. Erat lux vera quæ illúminat omnem hóminem venientem in hunc mundum. In mundo erat, & mundus per ipsum factus est : & mundus eum non cognóvit. In própria venit, & sui eum non recepérunt. Quotquot autem recepérunt eum, dedit eis potestátem filios Dei fieri, his qui credunt in nómine ejus ; qui non ex sánguinibus, neque ex voluntáte carnis ; neque ex voluntáte viri ; sed ex Deo nati sunt. Et Verbum caro factum est, & habitávit in nobis ; & vídimus glóriam ejus (glóriam quasi Unigéniti à Patre) plenum grátiæ & veritátis.

℟. Deo grátias.

L'ORDINAIRE DE LA MESSE.

Au nom du Pere, & du Fils, & du Saint-Esprit. ℟. Ainsi soit-il.

JE me présenterai à l'Autel de Dieu. ℟. Du Dieu qui réjoüit ma jeuneſſe.

Pſeaume 42.

SEigneur, ſoyez mon Juge, & ſéparez ma cauſe d'avec celle des impies : délivrez-moi de ces hommes pleins de tromperie & d'injuſtice. ℟. Car vous êtes mon Dieu, vous êtes ma force : pourquoi vous éloignez-vous de moi ? Pourquoi me laiſſez-vous dans le deuil & dans la triſteſſe ſous l'oppreſſion de mes ennemis ?

Faites luire ſur moi votre lumiere & votre verité : qu'elles me conduiſent & m'introduiſent ſur votre montagne ſainte, & dans vos tabernacles. ℟. Afin que je m'approche de l'Autel de Dieu, du Dieu qui me comble de joye.

Et que je chante vos loüanges ſur la harpe, ô mon Seigneur & mon Dieu : pourquoi donc, mon ame, êtes vous triſte, me troublez-vous ? ℟. Eſperez en

Dieu , car je le loüerai encore : parce
qu'il est mon Sauveur & mon Dieu.

Gloire soit au Pere , au Fils, & au
Saint-Esprit. ℟. Aujourd'hui & toujours
& dans tous les siecles des siecles : comme elle étoit dès le commencement , &
dans toute l'éternité. Ainsi soit-il.

Je me présenterai à l'autel de Dieu.
℟. Du Dieu qui réjoüit ma jeunesse.

Notre secours est dans le nom & la
toute-puissance du Seigneur. ℟. Qui a
fait le Ciel & la Terre.

*Aux Messes des Morts , on ne dit
point ce Pseaume.*

Confession du Prêtre.

JE me confesse à Dieu tout-puissant,
à la bien-heureuse Marie toujours
Vierge , à Saint Michel Archange , à
Saint Jean-Baptiste , aux Apôtres Saint
Pierre & Saint Paul , à tous les Saints ,
& à vous mes freres , parce que j'ai grandement péché , par pensées , paroles , &
œuvres , par ma faute , par ma faute , par
ma très-grande faute. C'est pourquoi je
prie la bienheureuse Vierge Marie toujours Vierge , S. Michel Archange , S.
Jean-Baptiste , les Apôtres saint Pierre
& Saint Paul , & tous les Saints , & vous
mes freres , de prier pour moi envers le
Seigneur notre Dieu.

Les Assistans répondent :

QUe le Dieu tout-puissant vous fasse misericorde , & que vous ayant pardonné vos péchés , il vous conduise à la vie éternelle. ℟. Ainsi soit-il.

Confession des Assistans.

JE me confesse à Dieu tout-puissant , à la bienheureuse Marie toujours Vierge , à Saint Michel Archange , à S. Jean-Baptiste , aux Apôtres Saint Pierre & Saint Paul , à tous les Saints , & à vous , mon Pere , parce que j'ai grandement péché par pensées , paroles & œuvres : par ma faute , par ma faute , par ma très-grande faute. C'est pourquoi je prie la bienheureuse Marie toujours Vierge , Saint Michel Archange , Saint Jean-Baptiste , les Apôtres Saint Pierre & Saint Paul , & tous les Saints , & vous , mon Pere , de prier pour moi envers le Seigneur notre Dieu.

Le Prêtre répond :

QUe le Dieu tout-puissant vous fasse misericorde & que vous ayant pardonné vos péchés , il vous conduise à la vie éternelle. ℟. Ainsi soit-il.

QUe le Seigneur tout-puissant & misericordieux nous accorde le pardon , l'absolution & la rémission de nos péchés. ℟. Ainsi soit-il.

O Dieu, si vous vous tournez vers nous, vous nous ferez vivre. ℟. Et votre peuple se réjoüira en vous.

Seigneur, montrez-nous votre miséricorde. ℟. Et donnez-nous votre salut.

Seigneur, écoutez ma priere. ℟. Et que ma voix s'éleve jusqu'à vous.

Le Seigneur soit avec vous. ℟. Et avec votre esprit.

Prions.

EFfacez, s'il vous plaît, ô Seigneur, nos péchés, afin que nous puissions entrer en votre Sanctuaire avec un cœur pur. Par Jesus-Christ notre Seigneur. Ainsi soit-il.

Aux Messes solemnelles, le Soudiacre présente la croix au Prêtre, qui la baise en disant :

Nous vous adorons, Seigneur, & nous vous bénissons, vous qui avez racheté le monde par les mérites de votre Croix.

Le Prêtre baisant l'Autel :

NOus vous prions, Seigneur, par les mérites de vos Saints dont les Reliques sont ici, & de tous les autres Bienheureux, qu'il vous plaise me pardonner tous mes péchez. Ainsi soit-il.

Bénédiction de l'encens.

Soyez béni par celui en l'honneur de

qui vous ferez brûlé.

Après l'Introït, le Prêtre & les Assistans disent alternativement :

Seigneur, ayez pitié de nous.
℟. Seigneur, ayez pitié de nous.
Seigneur, ayez pitié de nous.
℟. Christ, ayez pitié de nous.
Christ, ayez pitié de nous.
℟. Christ, ayez pitié de nous.
Seigneur, ayez pitié de nous.
℟. Seigneur, ayez pitié de nous.
Seigneur, ayez pitié de nous.

GLoire à Dieu dans le Ciel, & paix sur la terre aux hommes de bonne volonté. Nous vous louons, nous vous bénissons, nous vous adorons, nous vous glorifions, nous vous rendons graces dans la vûe de votre gloire infinie. O Seigneur Dieu Roi du Ciel. O Dieu Pere tout-puissant. O Seigneur, Fils unique de Dieu, Jesus-Christ : ô Seigneur Dieu, Agneau de Dieu, Fils du Pere : O vous qui effacez les péchés du monde, ayez pitié de nous : O vous qui effacez les péchés du monde, recevez notre priere : O vous qui êtes assis à la droite du Pere, ayez pitié de nous. Car vous, ô Jesus-Christ, êtes le seul Saint, le seul Seigneur, le seul très-Haut, avec le Saint-

Efprit , en la gloire de Dieu le Pere.
Ainfi foit-il.

Le Prêtre fe tourne vers l'Affemblée, & dit:
Le Seigneur foit avec vous.

℟. Et avec votre efprit.

*Pendant que le Chœur chante le Graduel ;
le Diacre, dans les grandes Meffes , met
le livre des Evangiles au milieu de l'autel,
& dit :*

Purifiez mon cœur & mes lévres ,
Dieu tout-puiffant , comme vous puri-
fiâtes celles du Prophete Ifaïe avec un
charbon de feu : purifiez-moi de telle
forte par votre grande mifericorde , que
je puiffe dignement annoncer votre faint
Evangile , par Jefus Chrift notre Seigneur. Ainfi foit-il.

*Il prend le Livre de deffus l'Autel , en
difant :*
Seigneur , beniffez-moi.

Le Prêtre répond :

QUe le Seigneur foit en mon cœur
& en mes lévres , afin que je publie dignement, & comme il faut, fon
Evangile. Ainfi foit-il.

Le Prêtre benit l'encens , en difant :
Soyez béni par celui en l'honneur de
qui vous ferez brûlé.

Le Diacre, avant de chanter l'Evangile, dit :

Le Seigneur soit avec vous.

℞. Et avec votre esprit.

La suite, *ou* le commencement du saint Evangile selon saint N.

℞. Gloire, soit à vous, Seigneur.

Après l'Evangile, le Soudiacre porte le Livre ouvert au Prêtre, en disant :

Ces paroles sont saintes.

Le Prêtre en baisant l'Evangile, répond :

Je crois, & je me confesse.

Dans les Messes basses, le Prêtre après le Munda cor meum, *comme ci-dessus, dit :*

Que le Seigneur soit en mon cœur & en mes lévres, afin que je publie dignement, & comme il faut, son Evangile. Ainsi soit-il.

Après l'Evangile, il dit en le baisant :

Que nos péchés soient effacez par le Saint Evangile qui a été lû.

JE croi en un Dieu, Pere tout-puissant, qui a fait le Ciel & la Terre, & toutes les choses visibles & invisibles. Et en un seul Jesus-Christ, Fils unique de Dieu, & né du Pere avant tous les siecles. Dieu de Dieu, lumiere de lumiere, vrai Dieu du vrai Dieu : Qui n'a pas été fait, mais engendré, qui n'a qu'une même substance que le Pere , & par qui toutes choses ont été faites. Qui est descendu des Cieux pour nous hommes miserables, & pour notre salut ; & ayant pris chair de la Vierge Marie par l'opération du Saint-Esprit. A été fait homme. Qui a été aussi crucifié pour nous. Qui a souffert sous Ponce Pilate. Qui a été enseveli & mis dans le tombeau. Qui est ressuscité le troisiéme jour ; selon les Ecritures. Qui est monté au ciel , qui est assis à la droite du Pere. Qui viendra de nouveau plein de gloire, pour juger les vivans & les morts ; & dont le régne n'aura point de fin.

Je croi au Saint-Esprit qui est aussi Seigneur , & qui donne la vie , qui procede du Pere & du Fils : qui est adoré & glorifié conjointement avec le Pere & le Fils, qui a parlé par les Prophetes.

Je croi l'Eglise qui est Une , Sainte , Catholique & Apostolique. Je confesse un Baptême pour la remission des péchés. Et j'attens la résurrection des morts. Et la vie du siecle à venir. Ainsi soit-il.

Ensuite le Prêtre dit :

Le Seigneur soit avec vous.

℞. Et avec votre Esprit.

Si on offre du pain pour le bénir , il dit :

Seigneur nous mettons notre secours en vous.

℟. Qui avez fait le Ciel & la Terre.

Le Seigneur soit avec vous,

℟. Et avec votre esprit.

Prions.

SEigneur Jesus-Christ, qui êtes le pain des Anges, le pain vivant de la vie éternelle; daignez bénir ce pain (*ou* ces pains) comme vous avez béni les cinq pains dans le désert : afin que tous ceux qui mangeront de ce pain (*ou de ces pains*) puissent avoir la santé du corps & de l'ame. Vous qui vivez & regnez dans les siecles des siecles. ℟. Ainsi soit-il.

Il dit l'Offertoire, ensuite il offre le pain qui doit être consacré, en disant :

Recevez, ô Pere saint, Dieu éternel & tout-puissant, cette Hostie sans tache que j'offre, moi qui suis votre serviteur indigne, à vous qui êtes mon Dieu, vivant & véritable, pour mes péchés, mes offenses & mes négligences qui sont sans nombre, pour tous les assistans, & pour tous les fideles Chrétiens vivans & morts, afin qu'elle profite à eux & à moi pour le salut & la vie éternelle. Ainsi soit-il.

Il met le vin & l'eau dans le calice en disant :

O Dieu, qui par un effet admirable de votre puissance, avez créé la nature humaine dans un haut état, & qui l'avez rétablie par une plus grande merveille : faites-nous la grace, par le myſtere de cette eau & de ce vin, d'avoir part un jour à la divinité de celui qui a daigné ſe faire participant de notre humanité, Jeſus-Chriſt, votre Fils notre Seigneur, qui étant Dieu, vit & regne avec vous en l'unité du Saint-Eſprit, par tous les ſiecles des ſiecles. Ainſi ſoit-il.

Offrant le Calice, il dit :

Seigneur, nous vous offrons le Calice du ſalut, ſuppliant votre clémence de le faire monter devant votre divine majeſ-té, enſorte qu'il ſoit comme un doux parfum pour notre ſalut, & celui de tout le monde. Ainſi ſoit-il.

Nous nous préſentons devant vous en eſprit d'humilité & de repentance, ô Sei-gneur, recevez-nous, & faites que notre ſacrifice s'accompliſſe de telle ſorte au-jourd'hui en votre préſence, qu'il vous ſoit agréable, ô Seigneur Dieu.

Venez, Sanctificateur tout-puiſſant, Dieu éternel, & béniſſez ce ſacrifice préparé pour la gloire de votre ſaint Nom.

Aux fêtes ſolemnelles le Prêtre bénit l'encens, en diſant :

Que par l'interceſſion du Bienheureux Archange qui eſt debout à la droite de

l'Autel

l'Autel des parfums , & par la priere de tous ses élûs , le Seigneur daigne benir cet encens , & le recevoir comme un parfum d'une odeur agréable ; Par Jesus-Christ notre Seigneur. ℟. Amen.

Il encense les offrandes , en disant :

Que cet encens que vous avez béni, monte vers vous , Seigneur ; & que votre misericorde descende sur nous.

Il encense l'Autel , en disant :

Que ma priére , Seigneur , s'éleve vers vous comme la fumée de l'encens : que l'élévation de mes mains vous soit agréable comme le sacrifice du soir. Mettez Seigneur, une garde à ma bouche , & une porte à mes lévres. Ne permettez point que mon cœur se laisse aller à des paroles de malice, pour chercher des excuses à mes péchés.

En rendant l'encensoir au Diacre, il dit :

Que le Seigneur allume en nous le feu de son amour, & qu'il nous enflamme d'une charité éternelle. Amen.

Il se lave les doigts , en disant :

Je laverai mes mains parmi les innocens. Et j'environnerai , Seigneur , votre Autel de vœux & d'offrandes.

Pour entendre la voix de vos louanges , & pour raconter toutes vos merveilles.

D

Seigneur, j'ai aimé la beauté de votre maison, & le lieu où réside votre gloire.

O Dieu ! ne faites point périr mon ame avec celles des impies, ni finir mes jours parmi ceux qui aiment le sang.

Leurs mains sont souillées de crimes : & leur droite est chargée de présens.

Mais je me suis conduit avec innocence : rachetez-moi, & ayez pitié de moi.

J'ai marché constamment dans le droit chemin. Je vous bénirai, Seigneur, dans vos Eglises.

Gloire soit au Pere, & au Fils, & au Saint-Esprit.

Aujourd'hui & toujours, & dans tous les siecles des siecles ; comme elle étoit dès le commencement, & dans toute l'éternité. Ainsi soit-il.

En s'inclinant, il dit :

Recevez, ô Trinité sainte, cette oblation que nous vous offrons en mémoire de la Passion, de la Resurrection & de l'Ascension de Jesus-Christ notre Seigneur, & en l'honneur de la bienheureuse Marie toujours Vierge, de Saint Jean Baptiste, des Apôtres Saint Pierre & Saint Paul, de ces Saints, & de tous les autres, afin qu'elle soit pour leur honneur & notre ſalut, & qu'ainſi ceux donc nous faiſons mémoire ſur la terre, daignent interceder pour nous dans le Ciel. Par le même Chriſt notre Seigneur.

Ainſi ſoit-il.

Il baiſe l'Autel, puis il dit :

PRiez, mes freres, que mon ſacrifice, qui eſt auſſi le vôtre, ſoit agréable à Dieu le Pere tout-puiſſant.

℟. Que le Seigneur reçoive, s'il lui plaît, de vos mains ce ſacrifice, pour l'honneur & gloire de ſon nom, pour notre utilité particuliere, & pour le bien de toute ſon Egliſe ſainte.

Le Prêtre répond, Amen, & dit enſuite une ou pluſieurs Secretes, qu'il finit ainſi :

DAns tous les ſiécles des ſiécles.
℟. Ainſi ſoit-il.
Le Seigneur ſoit avec vous.
℟. Et avec votre eſprit.
Elevez vos cœurs.
℟. Nous les tenons élevés vers le Seigneur.
Rendons graces au Seigneur notre Dieu.
℟. Il eſt juſte & raiſonnable de le faire.

PREFACE COMMUNE

pour toutes les Messes qui n'en ont point de propre.

IL est véritablement de notre devoir, & il est tout-à-fait juste, il est équitable & salutaire, de vous rendre graces en tout tems & en tous lieux, ô Seigneur, Pere saint, Dieu tout-puissant & éternel, par notre Seigneur Jesus-Christ. C'est par lui que les Anges louent votre majesté, que les Dominations l'adorent que les Puissances lui rendent leurs profonds respects, en se tenans en sa présence, comme dans un tremblement. Les Cieux, & les Vertus des Cieux & les Seraphins célebrent ensemble votre saint nom dans des transports de joie. Et nous vous prions de recevoir nos voix avec les louanges de ces bienheureux Esprits, en disant par une humble confession.

Saint, Saint, Saint est le Dieu des Armées. Les Cieux & la Terre sont remplis de votre gloire. Sauvez-nous, s'il vous plaît, d'enhaut. Beni soit celui qui vient au nom du Seigneur. Sauvez-nous, s'il vous plaît, d'en haut.

CANON DE LA MESSE.

NOus vous prions donc en toute humilité, Pere très-miséricordieux, & vous demandons par Jesus-Christ votre

Fils, notre Seigneur, que vous ayez agréables & que vous béniffiez ces dons, ces préfens, ces facrifices fans taches que nous vous offrons, premierement pour votre fainte Eglife Catholique, afin qu'il vous plaife de lui donner la paix, de la garder, de la maintenir dans l'union, & de la gouverner en toute la terre avec N. notre Pape votre ferviteur, notre Prélat N. notre Roi N. & tous les orthodoxes & obfervateurs de la foi Catholique & Apoftolique.

Memoire des Vivans.

Souvenez-vous, Seigneur, de vos ferviteurs & de vos fervantes, (*le Prêtre fait memoire de ceux pour qui il veut prier*) & de tous ceux qui affiftent à ce Sacrifice, de qui vous connoiffez la foi, & fçavez la dévotion, pour qui nous vous offrons, ou qui vous offrent ce Sacrifice de louanges pour eux-mêmes, & pour tous ceux qui leur appartiennent, pour la rédemption de leurs ames, pour l'efpérance de leur falut, & de leur confervation, & qui rendent leurs vœux à vous-Dieu éternel vivant & véritable.

Participant à une même Communion, & honorant la mémoire fpécialement de la glorieufe Marie toujours Vierge, Mere de Dieu notre Seigneur Jefus Chrift,

comme auſſi de vos bienheureux Apôtres & Martyrs Pierre & Paul, André,
Jacques, Jean, Thomas, Jacques, Phi-
lippe, Barthelemi, Matthieu, Simon &
Thadée, Lin, Clete, Clement, Xiſte,
Corneille, Cyprien, Laurent, Chryſo-
gone, Jean & Paul, Côme & Damien,
& de tous les autres Saints, aux mérites
deſquels accordez, s'il vous plaît, qu'en
toutes choſes nous ſoyons munis des ſe-
cours de votre protection. Par le même
Jeſus-Chriſt notre Seigneur. Ainſi ſoit-il.

Nous vous prions donc, ô Seigneur,
de recevoir favorablement cette offrande
de notre ſervitude, qui eſt auſſi celle de
toute votre famille ; de nous faire jouir
de votre paix, pendant nos jours : & de
faire qu'étant préſervés de la damnation
éternelle, nous ſoyons comptés au nombre de vos Elûs. Par Jeſus-Chriſt notre
Seigneur. Ainſi ſoit-il.

Nous vous prions, ô Dieu, qu'il vous
plaiſe de faire qu'en toutes choſes, cette
oblation ſoit bénie, approuvée, rendue
valable, raiſonnable, agréable, en ſorte
qu'elle devienne pour nous le Corps & le
Sang de Jeſus-Chriſt votre très cher Fils
notre Seigneur.

Qui le jour de devant ſa Paſſion prit
le pain entre ſes mains ſaintes & vénéra-

bles, & levant les yeux au Ciel, à vous Dieu son Pere Tout-puissant, vous rendant graces, le bénit, le rompit, & le donna à ses disciples, leur disant: Prenez & mangez-en tous : Car ceci est mon Corps.

O Victime du salut, qui nous ouvrez le Ciel, l'ennemi nous livre de rudes combats; fortifiez-nous contre ses attaques.

Acte de Foi que l'on peut faire pendant l'Elévation.

JE vous adore, ô mon Sauveur. Je vous reconnois présent dans ce Mystere; & je croi avec une foi dans laquelle je vous demande la grace de mourir, que dans cette Hostie est contenu le Corps même que vous avez immolé sur la Croix pour le salut de mon ame.

Je croi avec la même foi que ce Calice contient le Sang adorable que vous avez répandu pour moi, & que vous êtes tout entier sous chacune des deux Especes & je vous demande la grace de profiter de votre mort, dont nous renouvellons la mémoire dans ce Sacrifice. Ainsi soit-il.

Aux Messes des Morts.

Jesus plein de bonté, donnez-leur la paix.

Jesus plein de bonté, donnez-leur la paix.

Jesus plein de bonté, donnez-leur la paix éternelle. Ainsi soit-il.

Semblablement après qu'il eût soupé, prenant aussi cet excellent Calice entre ses mains saintes & vénérables, vous rendant pareillement graces, le bénit & le donna à ses Disciples, disant : Prenez & buvez en tous. Car ceci est le Calice de mon Sang, du Testament nouveau & éternel, Mystere de Foi, qui sera répandu pour vous & pour plusieurs, pour la remission des péchés.

Toutes les fois que vous ferez ces choses, faites-les en mémoire de moi.

C'est pourquoi aussi, Seigneur, nous qui sommes vos serviteurs & votre peuple saint, nous ressouvenant de la bienheureuse Passion de votre Fils Jesus-Christ notre Seigneur, & de sa Résurrection des Enfers : comme aussi de son Ascension glorieuse au Ciel : Nous offrons à votre incomparable Majesté, des dons que vous avez faits, l'Hostie pure, l'Hostie sainte, l'Hostie immaculée, le saint Pain de la vie éternelle, & le Calice du salut perpétuel.

Sur lesquels il vous plaise de regarder d'un visage doux & serein, & de les avoir agréables, comme il vous plut d'avoir agréables les dons d'Abel le juste, votre

ſerviteur , & le ſacrifice d'Abraham notre Patriarche , & celui que vous a offert
votre grand Prêtre Melchiſedech , ce
ſaint Sacrifice , cette Hoſtie immaculée.

Nous vous faiſons cette humble priere , ô Dieu Tout-puiſſant , de comman-
der que ces choſes ſoient portées ſur votre Autel ſublime en préſence de votre
divine Majeſté , par les mains de votre
ſaint Ange , afin que tous tant que nous
ſommes qui participant à cet Autel , au-
rons pris le ſaint & ſacré Corps & Sang
de votre Fils , ſoyons remplis de toute
bénédiction & grace céleſte. Par le même
Jeſus-Chriſt notre Seigneur. Ainſi ſoit-il.

Mémoire des Morts.

Souvenez-vous auſſi , Seigneur , de
vos ſerviteurs & de vos ſervantes qui
nous ont précedés avec le ſigne de la
Foi & qui dorment du ſommeil de paix.

*Le Prêtre fait memoire de ceux pour qui
il veut prier.*

Nous vous ſupplions humblement ,
Seigneur , qu'il vous plaiſe leur donner ,
& à tous ceux qui repoſent en Jeſus-
Chriſt , un lieu de rafraîchiſſement , de
lumiere & de paix. Par le même Jeſus-
Chriſt notre Seigneur. Ainſi ſoit-il.

Il ſe frappe la poitrine , en diſant :

Et à nous pécheurs , vos ſerviteurs ,

qui espérons en la multitude de vos miséricordes : daignez nous donner part & societé avec vos saints Apôtres & Martyrs, avec Jean, Etienne, Matthias, Barnabé, Ignace, Alexandre, Marcellin, Pierre, Felicité, Perpétue, Agathe, Luce, Agnès, Cecile, Anastasie, & avec tous vos Saints, dans la compagnie desquels nous vous prions, que ne regardant point au mérite, mais faisant grace, il vous plaise nous recevoir. Par Jesus Christ notre Seigneur ; Par qui, Seigneur, vous produisez toujours tous ces biens, vous les sanctifiez, vous les vivifiez, vous les bénissez, & vous nous les donnez; Par lui, avec lui & en lui, à vous Dieu, Pere Toutpuissant sont rendus tout honneur & gloire en l'Unité du saint Esprit. Dans tous les siecles des siecles. Ainsi soit-il.

Prions. Instruits que nous sommes, par le commandement du Sauveur, & conduits par l'institution Divine, nous osons dire :

Notre Pere qui êtes dans les Cieux, votre Nom soit sanctifié : Que votre regne arrive, votre volonté soit faite en la terre comme au ciel : Donnez - nous aujourd'hui notre Pain de chaque jour : Et pardonnez-nous nos offenses, comme nous pardonnons à ceux qui nous ont offenfes : Et ne nous laiffez pas fuccomber à la tentation ; ℟. Mais délivrez nous du mal. *Le Prêtre dit* Ainfi foit-il. *puis il pourfuit :*

Délivrez-nous , Seigneur , s'il vous plaît , de tous les maux paffés , préfens & à venir , & donnez-nous par votre bonté la paix en nos jours , par l'interceffion de la bienheureufe Marie toujours Vierge , Mere de Dieu , & de vos faints Apôtres Pierre , Paul , & André , & de tous les Saints , afin qu'étant affiftés par le fecours de votre miféricorde , nous ne foyons jamais efclaves du péché , ni dans la crainte d'aucun trouble ; Par le même Jefus-Chrift notre Seigneur , qui étant Dieu , vit & regne avec vous , en l'unité du Saint Efprit , dans tous lesfiecles des fiecles.

℟. Ainfi foit-il.

La paix du Seigneur foit avec vous. ℟. Et avec votre efprit.

Ce mélange & cette confécration du Corps & du Sang de notre Seigneur Jefus-Chrift , foit fait pour la vie éternelle de nous qui le prenons. Ainfi foit-il.

Il fe frappe la poitrine , en difant :
Agneau de Dieu qui effacez les péchés du monde , ayez pitié de nous.

Agneau de Dieu qui effacez les péchés du monde , ayez pitié de nous.

Agneau de Dieu qui effacez les péchés du monde, donnez-nous la paix.

Aux Messes des Morts, au lieu de ayez pitié de nous, *on dit :* Donnez-leur la paix : *au lieu de* Donnez-nous la paix, *on dit ,* donnez leur la paix éternelle. *& on omet l'Oraison suivante.*

O Seigneur, Jesus-Christ, qui avez dit à vos Apôtres : Je vous laisse la paix, je vous donne ma paix : n'ayez point d'égard à mes péchés, mais plûtôt regardez la foi de votre Eglise, & donnez-lui, s'il vous plaît, la paix & l'union, telle que vous désirez qu'elle ait : Vous qui étant Dieu, vivez & regnez dans tous les siecles des siecles. Ainsi soit-il.

Si le Prêtre doit donner la Paix, en la donnant, il dit : La paix soit avec vous, mon Frere, & dans la sainte Eglise de Dieu.

O Seigneur, Jesus-Christ, Fils du Dieu vivant, qui par la volonté du Pere & la coopération du Saint Esprit, avez donné par votre mort la vie au monde : délivrez-moi par votre saint & sacré Corps & Sang ici présens, de tous mes péchés, & de tous les autres maux : rendez-moi toujours fidel observateur de vos commandemens, & ne permettez

pas

pas que je me separe jamais de vous, Qui étant Dieu, vivez & regnez avec le Pere, & le Saint Esprit dans tous les siecles des siecles. Ainsi soit-il.

O Seigneur, Jesus-Christ, que la participation de votre Corps, lequel je me propose de recevoir, bien que j'en sois indigne, ne tourne point à mon jugement & à ma condamnation ; mais que selon votre miséricorde il me serve de défense pour mon ame & pour mon corps, comme aussi de remede salutaire ; Qui vivez & regnez avec Dieu le Pere en l'Unité du Saint Esprit, dans tous les siecles des siecles. Ainsi soit-il.

Je prendrai le Pain céleste, & j'invoquerai le nom du Seigneur.

Le Prêtre dit trois fois la Priere suivante.

Seigneur, je ne suis pas digne que vous entriez en mon logis : mais dites seulement une parole & mon ame sera guérie.

Que le Corps de notre Seigneur Jesus-Christ garde mon ame pour la vie éternelle. Ainsi soit-il.

Que rendrai-je au Seigneur pour tant de biens qu'il m'a faits ? Je prendrai le Calice du salut, & j'invoquerai le nom du Seigneur en chantant ses louanges, & il me délivrera de mes ennemis.

E

Que le Sang de notre Seigneur Jesus-Christ garde mon ame pour la vie éternelle. Ainsi soit-il.

S'il y a quelques personnes à communier, on les communie. Le Prêtre en présentant le Corps de notre Seigneur, dit : Que le Corps de notre Seigneur Jesus - Christ. *Le Communiant fait un acte de Foi, en répondant* Ainsi soit-il ; *après quoi le Prêtre ajoûte,* garde votre ame pour la vie éternelle.

Faites, Seigneur, que nous recevions avec un cœur pur, ce que nous avons par la bouche, & que d'un présent temporel, il devienne un éternel remede pour nous.

Que votre Corps que j'ai reçû, ô Seigneur, & que votre Sang que j'ai bû, s'attachent à mes entrailles : & faites par votre sainte grace qu'aucune tache de péché ne demeure en moi qui ai été rassasié de vos purs & saints Sacremens : Qui vivez & regnez dans tous les siecles des siecles. Ainsi soit-il.

Le Prêtre, après la Communion & la Postcommunion, dit :

Le Seigneur soit avec vous. ℟. Et avec votre esprit.

Allez, la Messe est dite, ℟. Rendons graces à Dieu.

Lorsque l'on n'a point dit Gloire à Dieu dans le Ciel *, on dit :* Bénissons le Seigneur. ℟. Rendons graces à Dieu.

Aux Messes des Morts, on dit : Reposez en paix. ℟. Ainsi soit-il.

Recevez favorablement, ô Trinité sainte, l'obéissance de ma servitude, & ayez pour agréable le Sacrifice que j'ai offert aux yeux de votre divine Majesté, bien que j'en fusse indigne. Faites par votre miséricorde infinie qu'il soit propitiatoire, à moi & à tous ceux pour qui je l'ai offert. Par Jesus-Christ notre Seigneur. Ainsi soit-il.

Que Dieu tout-Puissant vous bénisse, le Pere, le Fils, & le Saint - Esprit. ℟. Ainsi soit-il.

Le Seigneur soit avec vous. ℟. Et avec votre esprit.

Le commencement du saint Evangile, selon S. Jean.

℟. Gloire soit à vous, ô Seigneur.

AU commencement étoit le Verbe, & le Verbe étoit en Dieu, & le Verbe étoit Dieu. Il étoit dès le commencement en Dieu. Toutes choses ont été faites par lui ; & rien de ce qui a été fait, n'a été fait sans lui. Dans lui étoit la vie, & la vie étoit la lumiere des hommes : & la lumiere luit dans les ténebres,

& les ténebres ne l'ont point comprise. Il y eut un homme envoyé de Dieu, qui s'appelloit Jean. Il vint pour rendre témoignage à la lumiere, afin que tous crussent par lui. Il n'étoit point la lumiere; mais il vint pour rendre témoignage à celui qui est la lumiere. C'étoit la vraie lumiere qui éclaire tout homme venant en ce monde. Il étoit dans le monde, & le monde a été fait par lui, & le monde ne l'a point connu. Il est venu chez soi, & les siens ne l'ont point reçu. Mais il a donné à tous ceux qui l'ont reçu, le pouvoir d'être faits enfans de Dieu, à ceux qui croyent en son nom; qui ne sont point nés du sang, ni des désirs de la chair, ni de la volonté de l'homme, mais de Dieu même. Et le Verbe s'est fait Chair, & il a habité parmi nous, plein de grace & de vérité: & nous avons vû sa gloire, qui est la gloire du Fils unique du Pere. ℞. Rendons graces à Dieu.

Pour le Jour de la Fête de Notre-Dame des Vertus.

Aux Premieres Vêpres.

DEus, in adjutórium meum intende₂ ℞. Dómine, ad adjuvandum me feſtina.

Glória Patri, & Fílio, & Spirítui fanéto : Sicut erat in princípio, & nunc, & femper, & in fécula feculórum. Amen. Alleluia.

Ant. Benedíéta tu.

PSEAUME 114.

DIlexi, * quóniam exaudiet Dómínus vocem orationis meæ.

Quia inclinávit aurem fuam mihi, * & in diébus meis invocábo.

Circumdedérunt me dolóres mortis, * & perícula inferni invenérunt me.

Tribulatiónem & dolórem invéni ; * & nomen Dómini invocávi.

O Dómine, líbera ánimam meam : * miséricors Dóminus, & juſtus, & Deus noſter miferétur.

Cuſtódiens párvulos Dóminus ; * humiliátus fum, & liberávit me.

Convértere, ánima mea, in réquiem
tuam ; * quia Dóminus benefécit tibi :

Quia erípuit ánimam meam de morte, * óculos meos à lácrymis pedes meos à
lapsu.

Placébo Dómino * in regióne vivó-
rum.

Glória Patri, &c.

Ant. Benedícta tu inter mulíeres, &
benedíctus fructus ventris tui. Allelúia.

Ant. Fílius Dei.

PSEAUME 120.

LEvávi óculos meos in montes, *
unde véniet auxílium mihi.

Auxílium meum à Dómino, * qui fecit cœlum & terram.

Non det in commotiónem pedem
tuum, * neque dormítet qui custódit te.

Ecce non dormitábit neque dórmiet, *
qui custódit Israël.

Dóminus custódit te, Dóminus pro-
téctio tua, * super manum déxteram
tuam.

Per diem sol non uret te, * neque
luna per noctem.

Dóminus custó dit te ab omni malo : *
custódiat ánimam tuam Dóminus.

Dóminus custódiat intróitum tuum &
éxitum tuum, * ex hoc nunc, & usque in
séculum.

Glória Patri, &c.

Ant. Fílius Dei factus est ei ex sémine David secundùm carnem. Allelúia.

Ant. De María.

PSEAUME 123.

NIsi quia Dóminus erat in nobis, dicat nunc Israël; * nisi quia Dóminus erat in nobis,

Cùm exúrgerent hómines in nos, * forté vivos deglutissent nos.

Cùm irascerétur furor eórum in nos, * fórsitan aqua absorbuisset no s.

Torrentem pertransívit ánima nostra, * forsitan pertransisset ánima nostra aquam intolerábilem.

Benedictus Dóminus, * qui non dedit nos in captiónem déntibus eórum.

Anima nostra sicut passer erepta est * de láqueo venántium.

Láqueus contrítus est; * & nos liberáti sumus.

Adjutórium nostrum in nómine Dómini, * qui fecit coelum & terram.

Glória Patri, &c.

Ant. De María natus est Jesus, qui vocátur Christus. Allelúia.

Ant. Péperit.

PSEAUME 125.

IN convertendo Dóminus captivitatem Sion, * facti sumus sicut consolati.

Tunc replétum est gáudio os nostrum, *
& lingua nostra exultatióne.

Tunc dicent inter gentes : * Magnificávit Dóminus fácere cum eis.

Magnificávit Dóminus fácere nobis-
cum : * facti sumus lætantes.

Convérte , Dómine , captivitátem
nostram , * sicut torrens in austro.

Qui séminant in lacrymis , * in exultatióne metent.

Eúntes ibant & flebant , * mitténtes
sémina sua.

Veniéntes autem vénient cum exultatióne , * portántes manípulos suos.

Glória Patri , &c.

Ant. Péperit fílium másculum , qui
rectúrus erat omnes gentes. Allelúia.

Ant. Beátus.

PSEAUME 136.

SUper flúmina Babylónis , illíc sédi-
mus , * & flévimus , cùm recordaré-
mur Sion.

In salícibus in médio ejus , * suspen-
dimus órgana nostra ;

Quia illíc interrogavérunt nos , qui
captívos duxérunt nos , * verba can-
tiónum ;

Et qui abduxérunt nos : * Hymnum
cantáte nobis de cánticis Sion.

Quómodò cantábimus cánticum Dómini * in terra aliéna ?

Si oblítus fúero tuî, Jerúfalem, * oblivióni detur déxtera mea.

Adhæreat lingua mea fáucibus meís,* fi non memínero tuî ;

Si non proposúero Jerúfalem * in princípio lætítiæ meæ.

Memor efto, Domine, filiórum Edom, * in die Jerúfalem ;

Qui dicunt : Exinaníte, exinaníte * ufque ad fundamentum in ea.

Fília Babylónis mífera ; * beátus qui retríbuet tibi retributiónem tuam, quam retribuífti nobis.

Beátus qui tenébit, * & allídet párvulos tuos ad petram.

Glória Patri, &c.

Ant. Beátus venter qui te portávit, & úbera quæ fuxífti. Allelúia.

CAPITULE.

AIt Dóminus Deus ad ferpentem : Inimicítias ponam inter te & mulierem, & femen tuum & femen illíus : Ipfa cónteret caput tuum.

REPONS.

℟. Deus ex sémine David * Secundùm promiffiónem eduxit Ifraël falvatórem Jefum. Allelúia, allelúia. ℣. Jurávit

David veritátem : De fructu ventris tui
ponam super sedem tuam. * Secundùm.
Glória Patri, &c. Secundùm.

HYMNE.

Avídis sóboles, glória vírginum,
Christi virgo parens, te pósuit
Deus,
Partu virgíneo quæ malè súbdoli
Anguis contéreres caput.

Rebus princípium qui dedit ómnibus,
A te princípium sumpsit homo Deus ;
Cunctis prospíciens qui tribuit cibos,
Pastus lacte fuit tuo.

Per te quod múlier perdiderat vetus,
Humáno géneri rédditur áuctiùs :
Tu Clausas míseris, heu nímiùm diu !
Cœlórum réseras fores.

Qui lucis pater est, Glória sit Patri ;
Cujus Virgo parens, glória Fílio ;
Quo Fœcunda, tibi, nexus amábilis,
Sit Par glória, Spíritus.

Amen.

℣. Deus operátus est salútem in medio
terræ.

℟. Tu confregísti cápita dracónis.

A MAGNIFICAT.

Ant. Benedíctus.

Agníficat * ánima mea Dóminum,
Et exultávit spíritus meus * in Deo
salutári meo ;

Quia respexit humilitátem ancillæ suæ : * ecce enim ex hoc beátam me dicent omnes generatiónes.

Quia fecit mihi magna qui potens est ; * & sanctum nomen ejus.

Et misericórdia ejus à progénie in progénies * timéntibus eum.

Fecit poténtiam in bráchio suo ; * dispersit superbos mente cordis sui.

Depósuit potentes de sede , * & exaltávit húmiles.

Esuriéntes implevit bonis , * dívites dimísit inánes.

Suscépit Israël púerum suum , * recordátus misericórdiæ suæ ,

Sicut locútus est ad patres nostros , * Abraham & sémini ejus in sécula.

Glória Patri , &c.

Ant. Benedíctus Dóminus qui te diréxit in vúlnera cápitis príncipis inimicorum nostrorum. Allelúia.

ORAISON.

DEus qui per resurrectiónem Fílii tui Dómini nostri Jesu Christi mundum lætificáre dignátus es : præsta quæsumus, ut per ejus genitrícem Vírginem Maríam , perpétuæ capiámus gáudia vitæ ; Per eumdem.

POUR LE JOUR DE LA FESTE,

A LA MESSE.

INTROÏT. *Pf. 29.*

Onvertifti, Dómine, planctum meum in gáudium mihi, allelúia: & circumdedifti me lætítia ; ut cantet tibi glória mea, allelúia, allelúia. *Pf.* Exaltábo te, Dómine, quóniam fufcepifti me ; * nec delectafti inimícos meos fuper me. Glória. Convertifti.

COLLECTÆ.

Eus qui per refurrectiónem Fílii tui Dómini noftri Jefu Chrifti mundum lætificáre dignátus es : præfta quæfumus, ut per ejus genitrícem Vírginem Maríam, perpétuæ capiámus gáudia vitæ ; Per eumdem.

Léctio Jeremíæ Prophétæ. *c. 31.*

Æc dicit Dóminus : Creávit Dóminus novum fuper terram ; Fémina circúmdabit virum. Hæc dicit Dóminus exercítuum, Deus Ifraël : Adhuc dicent verbum iftud in terra Juda, & in úrbibus ejus, cùm convértero captivitátem eórum : Benedícat tibi Dóminus, pulcritudo juftítiæ, mons fanctus. Et

habitábunt

habitábunt in eo Judas, & omnes civi-
táres ejus simul, agrícolæ, & minantes
greges. Quia inebriávi ánimam laſſam ;
& omnem ánimam eſurientem faturávi.
Ideò quaſi de ſomno ſuſcitàtus ſum : &
vidi ; & ſomnus meus dulcis mihi.

Allelúia, allelúia. ℣. Fílius tuus vivit, & ipſe dominátur in omni terra.
Gen. 45.

Allelúia, allelúia. ℣. Exue te ſtolâ
luctûs, & indue te decóre & honóre glóriæ. Allelúia. *Baruch.* 5.

PROSE.

AVe Virgo vírginum,
Spes falútis hóminum,
Mater alma grátiæ.
  Ave ſidus rútilum,
Laus & decus órdinum
Cœleſtis militiæ.
  Conſolátrix ínclyta,
Opem fer & víſita
Certantes in ácie.
  Nos rege, nos íncita,
Nos fove, nos excita
De lacu miſériæ.
  Ave Jeſſe vírgula,
Roſa veris primula,
Tota ſine cárie.
  Peccatórum víncula
Solve prece ſedula

Præfentis famíliæ.

Plena virgo grátiâ,
Reple cordis íntima,
Cœlefti tempérie.

O lux beatíffima,
Efto nobis lúcida,
Fulgens fole glóriæ.

Qui nos jungat fúperis,
Dans nobis in déxteris
Poft fpem frui fpécie.

Tu benigna díceris,
Miferére míferis,
Virgo mater grátiæ. Amen.

Sequéntia fancti Evangélii fecundùm
Joannem. c. 19.

IN Illo témpore ; Stabant juxta crucem Jefu mater ejus, & foror matris
ejus María Cléophæ, & María Magda-
léne. Cùm vidiffet ergo Jefus matrem,
& difcípulum ftantem, quem diligébat,
dicit matri fuæ : Mùlier, ecce filius tuus.
Deinde dicit difcípulo : Ecce mater tua.
Et ex illa hora accepit eam difcipulus in
fua.

OFFERTOIRE.

Non dedifti, Dómine, Sanctum tuum
vidére corruptiónem : propter hoc lætá-
tum eft cor meum, & exultávit lingua
mea, allelúia, allelúia. Pf. 15.

SECRETE.

Piritus ille tuus, Dómine, super
hæc dona descendat, quem Unigé-
nitus tuus se post glorificatiónem suam
datúrum promísit, & in beátam Vírginem, Ecclésiamque cum ea in oratióne
perseverantem, abundanter effudit; Per
eumdem Dóminum nostrum Jesum
Christum Fílium tuum, in unitáte ejusdem Spíritûs Sancti Deus.

PRÉFACE.

Per ómnia sécula seculórum.
℟. Amen.

Dóminus vobíscum : ℟. Et cum spíritu tuo.

Sursùm corda. ℟. Habémus ad Dóminum.

Grátias agámus Dómino Deo nostro.
℟. Dignum & justum est.

Verè dignum & justum est, æquum
& salutáre, nos tibi semper & ubíque grátias ágere, Dómine sancte Pater
omnípotens æterne Deus; & te in (Vene-
ratión) beátæ Maríæ semper Vírginis
collaudáre, benedícere, & prædicáre;
quæ & Unigénitum tuum sancti Spíritûs obumbratióne concépit; &, virgi-
nitátis glória permanente, lumen æternum mundo effúdit, Jesum Christum

Dóminum nostrum ; per quem majestátem tuam laudant Angeli , adórant Dominatiónes , tremunt Potestátes : coeli , coelorumque Virtútes , ac beáta Séraphim , sócia exultatióne concelebrant. Cum quibus & nostras voces ut admitti júbeas deprecámur , súpplici confessióne dicentes.

COMMUNION.

Secundùm multitúdinem dolórum meórum in corde meo , Dómine , consolatiónes tuæ lætificavérunt ánimam meam , allelúia , allelúia. *Pf.* 93.

POSTCOMMUNION.

DEus , cujus in hoc sacramento mortem annutiámus , da nobis , per intercessiónem beatíssimæ matris tuæ , ut cum ea sócii passiónum tuárum effecti , consolatiónis etiam ac glóriæ partícipes esse mereámur ; Qui vivis.

TE DEUM

Pour la conservation de la Santé du Roi, & de toute la Famile Royalle.

TE Deum laudámus : * te Dóminum Confitémur.

Te ætérnum Patrem , * omnis terra venerátur.

Tibi omnes Angeli : * tibi coeli , & universæ potestátes.

Tibi Chérubim & Séraphim , * incef-
fábili voce proclámant.

Sanctus ,

Sanctus ,

Sanctus ,

Dóminus Deus Sábaoth.

Pleni funt cœli & terra , majeftátis
glóriæ tuæ.

Te gloriófus * Apoftólórum chorus

Te Prophetárum * laudábilis nume-
rus.

Te Mártyrum candidátus * laudat
exércitus.

Te Per orbem terrárum * fanĉta con-
fitétur Eccléfia :

Patrem * immenfæ majeftátis.

Venérandum tuum verum , & únicum
Fílium :

Sanĉtum quoque * paraclétum Spíritum.

Tu Rex glóriæ * Chrifte.

Tu Patris * fempiternus es Fílius.

Tu ad liberandum fufceptúrus hóminem , * non horruifti vírginis úterum.

Tu deviĉto mortis acúleo , * aperuifti
credéntibus regna cœlórum.

Tu ad déxteram Dei fedes , * in glória
Patris.

Judex créderis * effe ventúrus.

Te ergo quæsumus famulis tuis fûb-
veni, * quos pretióso fánguine rede-
mifti.

Æterna fac cum fanctis tuis * in glória numerári.

Salvum fac pópulum Dómine : & bé-
nedic hæreditáti tuæ.

Et rege eos : * & extolle illos ufque in
æternum.

Per síngulos dies * benedicimus te.

Et laudámus nomen tuum in fæculum * & in fæculum fæculi.

Dignáre Dómine die ifto , * fine peccáto nos cuftodíre.

Miferére noftri Dómine , * miferére
noftri.

Fiat mifericórdia tua Dómine fuper
nos : * quemádmodum fperávimus in
te.

In te Dómine fperàvi : * non confun-
dar in æternum.

℣. Benedicámus Patrem & Filium
cum fancto Spíritu.

℞. Laudémus , & fuper exaltémus
eum in fécula.

ORAISON.

DEus , cujus mifericórdiæ non eft
númerus , & bonitátis infinítus eft
thefáurus : piíffimæ majeftáti tuæ pro
collátis donis grátias ágimus , tuam fem-

per cleméntiam exorantes, ut qui peténtibus postuláta concédis, eoſdem non déſerens, ad præmia futúra diſpónas ; Per Dóminum noſtrum.

DEus, à quo omnis poteſtas ordináta eſt, da fámulo tuo Regi noſtro N. & univerſæ famíliæ ejus cor dócile : ut poteſtátem ſuam majeſtátis tuæ fámula faciéntes, regnum illud ámbiant & obtíneant, in quo non timent habére conſortes ; Per Dóminum.

Priere pour le Roi.

EXáudiat te Dominus in die tribulatiónis ; * prótegat te nomen Dei Jacob.

Mittat tibi auxílium de ſanĉto ; * & de Sion tueátur te.

Memor ſit omnis ſacrificii tui ; * & holocauſtum tuum pingue fiat.

Tríbuat tibi ſecundùm cor tuum, * & omne consílium tuum confirmet.

Lætábimur in ſalutári tuo ; * & in nómine Dei noſtri magnificábimur.

Impleat Dóminus omnes petitiónes tuas ; * nunc cognóvi quóniam ſalvum fecit Dóminus Chriſtum ſuum.

Exáudiet illum de cœlo ſanĉto ſuo : * in potentàtibus ſalus déxteræ ejus.

Hi in cúrribus, & hi in equis ; * nos autem in nómine Dómini Dei noſtri invocábimus.

Ipsi obligáti sunt & cecidérunt ; * nos autem surréximus, & erecti sumus.

Dómine, salvum fac Regem, * & exaudi nos in die quâ invocavérimus te.

℣. Fiat manus tua, super virum déxteræ tuæ.

℟. Et super filium hóminis quem confirmásti tibi.

Oremus.

QUæsumus, ómnipotens Deus, ut fámulus tuus Rex noster N. qui tuâ miseratióne suscépit regni gubernácula ; virtútum etiam percípiat increménta ; quibus decénter ornátus, vitiórum monstra devitáre, hostes superáre ; & ad te, qui via, véritas & vita es, gratiósus váleat pervenire ; Per Dóminum.

Aux Secondes Vêpres.

DEus, in adjutórium meum intende: ℟. Dómine, ad adjuvandum me festina.

Glória Patri, & Fílio, & Spirítui sancto : Sicut erat in princípio, & nunc, & semper, & in sécula seculórum. Amen. Allelúia.

Ant. Benedícta tu.

PSEAUME 109.

DIxit Dóminus Dómino meo : * Sede à dextris meis,

Donec ponam inimícos tuos * scabel-
lum pedum tuórum.

Virgam virtútis tuæ emíttet Dóminus
ex Sion : * Domináre in médio inimicórum tuórum.

Tecum princípium in die virtútis tuæ
in splendóribus sanctórum : * ex útero
ante lucíferum génui te.

Jurávit Dóminus & non pœnitébit
eum : * Tu es Sacerdos in æternum secundùm órdinem Melchísedech.

Dóminus à dextris tuis : * confrégit in
die iræ suæ reges.

Judicábit in natiónibus implébit rui-
nas, * conquassábit cápita in terra mul-
tórum.

De torrente in via bibet ; * proptéreà
exaltábit caput.

Ant. Benedícta tu inter mulíeres, &
benedíctus fructus ventris tui. Allelúia.

Ant. Fílius Dei.

PSEAUME 112.

LAudáte, púeri Dóminum : * laudáte nómen Dómini.

Sit nomen Dómini benedíctum * ex
hoc nunc & usque in séculum.

A solis ortu usque ad occásum * lau-
dábile nomen Dómini.

Excélsus super omnes gentes Dóminus, * & super cœlos glória ejus.

Quis ſicut Dóminus Deus noſter, qui
in altis hábitat, * & humília réſpicit in
cœlo & in terra?

Suſcitans à terra ínopem, *& de ſtér-
core érigens páuperem.

Ut cóllocet eum cum princípibus, *
cum princípibus pópuli ſui.

Qui habitáre facit ſterílem in domo,
* matrem filiórum lætantem.

Ant. Fílius Dei factus eſt ei ex ſémine
David ſecundùm carnem. Allelúia.

Ant. De María.

PSEAUME 121.

L Ætátus ſum in his, quæ dicta ſunt
mihi : * in domum Dómini íbimus.

Stantes erant pedes noſtri * in átriis
tuis, Jerúſalem.

Jerúſalem quæ ædificátur ut civitas,
* cujus participátio ejus in idipſum :

Illuc enim aſcendérunt tribus, tribus
Dómini ; * teſtimónium Iſraël ad confi-
tendum nómini Dómini.

Quia illíc ſedérunt ſedes in judício,
* ſedes ſuper domum Dávid.

Rogáte quæ ad pacem ſunt Jerúſalem : * & abundántia in túrribus tuis :

Propter fratres meos, & próximos
meos, * loquébar pacem de te.

Propter domum Dómini Dei noſtri,
* quæſivi bona tibi.

Ant. De María natus eſt Jeſus, qui vocátur Chriſtus. Allelúia.

Ant. Péperit.

PSEAUME 126.

NIſi Dóminus ædificáverit domum, * in vanum laboravérunt qui ædificant eam.

Niſi Dóminus cuſtodiérit civitátem, * fruſtrà vígilat qui cuſtódit eam.

Vanum eſt vobis ante lucem ſúrgere : * ſúrgite poſtquam ſedéritis, qui manducátis panem dolóris. Cùm déderit diléctis ſuis ſomnum :

Eece hæréditas Dómini, filii; * merces, fructus ventris.

Sicut ſagittæ in manu potentis, * ita filii excuſſórum.

Beátus vir, qui implévit déſidérium ſuum ex ipſis, * non confundétur cùm loquétur inimicis ſuis in porta.

Ant. Péperit filium máſculum, qui rectúrus erat omnes gentes. Allelúia.

Ant. Beátus.

PSEAUME 147.

LAuda Jeruſalem Dóminum; * lauda Deum tuum, Sion.

Quóniam confortávit ſeras portárum tuárum; * benedixit filiis tuis in te.

Qui póſuit fines tuos pacem, * & adipe frumenti ſatiat te.

Qui emittit eloquium suum terræ; * velóciter currit sermo ejus.

Qui dat nivem sicut lanam; * nébulam sicut cinerem spargit.

Mittit Cryſtallum suam sicut buccellas ; * ante fáciem frigoris ejus qui suſtinébit ?

Emittet verbum suum & liquefáciet ea; flabit spíritus ejus, & fluent aquæ :

Qui annúntiat verbum suum Jacob, * juſtítias, & judícia sua Ifraël.

Non fecit táliter omni nationi : * & judícia sua non manifeſtávit eis.

Ant. Beátus venter qui te portávit & úbera quæ suxiſti. Allelúia.

CAPITULE.

AIt Dóminus Deus ad serpentem : Inimicítias ponam inter te & mulierem, & semen tuum & semen illíus : Ipſa cónteret caput tuum.

HYMNE.

DAvídis sóboles, glória vírginum, Chriſti virgo parens, te pósuit Deus,
Partu virgíneo quæ malè súbdoli
Anguis contéreres caput.

Rebus princípium qui dedit ómnibus,
A te princípium sumpfit homo Deus;
Cunĉtis proſpiciens qui tribuit cibos,
Paſtus laĉte fuit tuo.

Per

Per te quod múlier perdiderat vetus,
Humáno géneri rédditur áuctiùs :
Tu Claufas míferis, heu nîmiùm diu !
Cœlórum réferas fores.

Qui lucis pater eft, Glória fit Patri ;
Cujus Virgo parens, glória Filio ;
Quo Fœcunda, tibi, nexus amábilis,
Sit Par glória, Spíritus.

Amen.

℣. Deus operátus eft falútem in medio
terræ.

℟. Tu confregifti cápita dracónis.

A MAGNIFICAT.

Ant. Benedícta tu.

Magníficat * ánima mea Dóminum,

Et exultávit fpíritus meus * in Deo
falutári meo ;

Quia refpexit humilitátem ancillæ
fuæ : * ecce enim ex hoc beátam me dicent omnes generatiónes.

Quia fecit mihi magna qui potens
eft ; * & fanctum nomen ejus.

Et mifericórdia ejus à progénie in
progénies * timéntibus eum.

Fecit poténtiam in bráchio fuo ; * dif-
perfit fuperbos mente cordis fui.

Depófuit potentes de fede, * & exaltávit húmiles.

Eſurientes implevit bonis *& dívites dimíſit ináncs.

Suſcépit Iſraël púerum ſuum , * recordátus miſericórdiæ ſuæ ,

Sicut locútus eſt ád patres noſtros , * Abraham & ſémini ejus in ſécula.

Glória Patri , &c.

Ant. Benedícta tu inter múlieres , & benedíctus fructus .ventris tui , alleláia.

ORAISON.

DEus qui per reſurrectiónem Fílii tui Dómini noſtri Jeſu Chriſti mundum lætificáre dignátus es : præſta quæſumus , ut per ejus genitrícem Vírginem Maríam , perpétuæ capiámus gáudia vitæ ; Per eumdem.

OFFICE
DES MORTS.

Pour le lendemain de la Fête de Notre-
Dame des Vertus, & dans l'Octave
des Morts.

AU I. NOCTURNE
Qui se dit avant la Messe le Lundi
& le Jeudi.
Ant. 7. ç. Dómine.
Psalmus 5.

VErba mea áuribus pércipe, Dómine; *intéllige clamórem meum.

Intende voci oratiónis meæ, * Rex
meus & Deus meus.

Quóniam ad te orabo, Dómine, *
manè exáudies vocem meam.

Manè astábo tibi, & vidébo ; * quóniam non Deus volens iniquitátem tu es.

Neque habitábit juxta te malignus , *
neque permanébunt injusti ante óculos
tuos.

Odisti omnes qui operantur iniquitátem : * perdes omnes qui loquuntur men-
dácium.

Virum sánguinum & dolósum * abo-
minábitur Dóminus.

Ego autem in multitúdine misericórdiæ tuæ introíbo in domum tuam, * ado-
rábo ad templum fanctum tuum in ti-
móre tuo.

Dómine, deduc me in juftítia tua : *
propter inimícos meos dirige in confpectu tuo viam meam.

Quóniam non eft in ore eórum véritas, * cor eórum vanum eft.

Sepulcrum patens eft guttur eórum,
linguis fuis dolóse agébant ; * júdica
illos, Deus.

Décidant à cogitatiónibus fuis ; fecundùm multitúdin e n impietátum eórum
expelle eos, * quóniam irritavérunt te,
Dómine.

Et lætentur omnes qui fperant in te : *
in æternum exultábunt ; & habitábis in
eis.

Et gloriabuntur in te omnes qui díli-
gunt nomen tuum , * quóniam tu bene-
díces jufto.

Domine , ut fcuto bonæ voluntátis
tuæ * coronafti nos.

Ant. Dómine , deduc me in juftítia
tua : propter inimícos meos dirige in
confpectu tuo viam meam.

Ant. 8. G. Salvum me fac.

Psalmus 6.

DOmine, ne in furóre tuo árguas me * neque in ira tua corrípias me.

Miserére meî, Dómine, quóniam infirmus sum : * sana me, Dómine, quóniam conturbáta sunt ossa mea.

Et ánima mea turbáta est valdè ; * sed tu, Dómine, úsquequó ?

Convértere, Dómine, & éripe ánimam meam : * salvum me fac propter misericórdiam tuam ;

Quóniam non est in morte, qui memor sit tuî : * in inferno autem quis confitébitur tibi.

Laborávi in gémitu meo, lavábo per síngulas noctes lectum meum, * lácrymis meis stratum meum rigábo.

Turbátus est à furóre óculus meus ; * inveterávi inter omnes inimícos meos.

Discédite à me, omnes qui operámini iniquitátem ; * quóniam exaudívit Dóminus vocem fletûs mei.

Exaudívit Dóminus deprecationem meam : * Dóminus oratiónem meam suscépit.

Erubéscant & conturbentur vehementer omnes inimíci mei : convertántur & erubéscant valdè velóciter.

Ant. Salvum me fac propter misericósdiam tuam ; quóniam non est in morte, qui memor sit tuî.

Ant. 3. c. Illúmina.

Pfalmus 12.

USquequó , Dómine , oblivíſceris me in finem ? * uſquequò avertis faciem tuam à me.

Quamdiu ponam consília in ánima mea , * dolórem in corde meo per diem ?

Uſquequò exaltábitur inimícus meus ſuper me ? * réſpice , & exaúdi me , Dómine Deus meus.

Illúmina óculos meos , ne umquam obdórmiam in morte ; * nequándo dicat inimícus meus : Præválui adverſùs eum.

Qui tríbulant me , exultábunt ſi motus fúero ; * ego autem in miſericórdia tua ſperávi.

Exultábit cor meum in ſalutári tuo ; * cantábo Dómino qui bona tríbuit mihi , & pſallam nómini Dómini altíſſimi.

Ant. Illúmina óculos meos , ne umquam obdórmiam in morte.

℣. Ne tradas béſtiis ánimas confiténtes tibi ; ℟. Et ánimas páuperum tuórum ne obliviſcáris in finem.

Secretò , Pater. Clarâ voce , ℣. Et ne nos indúcas in tentatiónem ; ℟. Sed líbera nos à malo.

Lectiones leguntur sine Absolutione, sine Benedictionibus & sine Titulo.

Lectio j. Job. 7.

PArce mihi, nihil enim sunt dies mei. Quid est homo, quia magníficas eum ? aut quid appónis erga eum cor tuum ? Vísitas eum dilúculo, & súbito probas illum. Usquequò non parcis mihi, nec dimittis me ut glóriam salívam meam ? Peccàvi : quid fáciam tibi, ô custos hóminum ? Quare posuísti me contrárium tibi, & factus sum mihimet-ipsi gravis ? Cur non tollis peccátum meum ? & quare non aufers iniquitátem meam ? Ecce nunc in púlvere dórmiam ; & si manè me quæsíeris, non subsístam. *In fine Lectionum nihil additur.*

℞. Defecérunt sicut fumus dies mei, & ossa mea sicut crémium aruérunt : * Dies mei sicut umbra declinavérunt. ℣. Quæ est vita nostra ? Vapor est ad módicum parens. * Dies.

Lectio ij. Job. 10.

TÆdet ánimam meam vitæ meæ : dimittam adversùm me elóquium meum, loquar in amaritúdine ánimæ meæ. Dicam Deo : Noli me condemná-re ; índica mihi cur me ita júdices. Num-quid bonum tibi vidétur, si calumniéris me, & ópprimas me opus mánuum tuá-

tum , & consílium impiórum ádjuves ?
Numquid óculi cárnei tibi sunt ? aut sicut
videt homo , & tu vidébis ? Numquid
sicut dies hóminis dies tui , & anni tui
sicut humána sunt témpora ; ut quæras
iniquitátem meam , & peccátum meum
scrutéris ? Et scias quia nihil ímpium
fécerim , cùm sit nemo qui de manu tua
possit erúere. Manus tuæ fecérunt me ,
& plasmavérunt me totum in circúitu ;
& sic repentè præcípitas me ? Memento,
quæso , quòd sicut lutum féceris me , &
in púlverem redúces me. Nonne sicut
lac mulsísti me , & sicut cáseum me
coagulásti ? Pelle & cárnibus vestísti
me , óssibus , & nervis compegísti me.
Vitam & misericórdiam tribuísti mihi ,
& visitatio tua custodívit spíritum meum.

℞. Peccávi valde ; sed * Precor , Dómine , ut tránsferas iniquitátem servi
tui , quia stultè egi nimis. ℣. Deus, propítius esto mihi peccatóri. * Precor.

Lectio iij.   Job. 10.

QUare de vulva eduxísti me ? qui úti-
nam consúmptus essem , ne óculus
me vidéret. Fuíssem quasi non essem ,
de útero translátus ad túmulum. Numquid non páucitas diérum meórum finié-
tur brevi ? Dimitte ergo me , ut plan-
gam páululum dolórem meum , ante-

quàm vadam , & non revertar , ad terram tenebrósam & opertam mortis calí-
gine , terram misériæ & tenebrárum ,
ubi umbra mortis , & nullus ordo , sed
sempiternus horror inhábitat.

AU II. NOCTURNE.
Qui se dit avant la Messe le Mardi
& le Vendredi.
Ant. 6. F. In médio.
Psalmus 22.

DOminus regit me , & nihil mihi
déerit : * in loco páscuæ ibi me
collocávit.

Super aquam refectiónis educávit me :*
ánimam meam convertit.

Deduxit me super sémitas justítiæ , *
propter nomen suum.

Nam & si ambulávero in médio umbræ mortis , non timébo mala , * quóniam tu mecum es.

Virga tua , & báculus tuus , * ipsa me
consoláta sunt.

Parasti in conspectu meo mensam , *
adversùs eos qui tríbulant me.

Impinguasti in óleo caput meum : *&
calix meus inébrians quàm præclárus est !

Et misericórdia tua subsequétur me *
ómnibus diébus vitæ meæ ;

Et ut inhábitem in domo Dómini , *
in longitúdinem diérum.

Ant. In médio umbræ mortis non timébo mala, quóniam tu mecum es, Dómine.

Ant. 8. G. Delicta.

Psalmus 24.

AD te, Dómine, levávi ánimam meam; * Deus meus, in te confido, non erubéscam :

Neque irrídeant me inimíci mei ; * étenim univérsi qui sústinent te, non confundéntur.

Confundántur omnes iníqua agéntes * supervácue.

Vias tuas, Dómine, demónstra mihi, * & sémitas tuas édoce me.

Dírige me in veritáte tua, & doce me ; * quia tu es Deus salvátor meus, & te sustínui totâ die.

Reminíscere miseratiónum tuárum, Dómine, * & misericordiárum tuárum quæ à século sunt.

Delícta juventútis meæ * & ignorántias meas ne memíneris.

Secundùm misericórdiam tuam memento mei tu, * propter bonitátem tuam, Dómine.

Dulcis & rectus Dóminus ; * propter hóc legem dabit delinquéntibus in via:

Díriget mansuétos in judício, * docébit mites vias suas.

Univérsæ viæ Dómini misericórdia & véritas * requiréntibus testamentum ejus & testimónia ejus.

Propter nomen tuum, Dómine, propitiáberis peccato meo ; * multum est enim.

Quis est homo qui timet Dóminum? * legem státuit ei in via quam elégit.

Ánima ejus in bonis demorábitur, * & semen ejus hæreditábit terram.

Firmamentum est Dóminus timéntibus eum ; * & testamentum ipsíus ut manifestétur illis.

Oculi mei semper ad Dóminum, * quóniam ipse evellet de láqueo pedes meos.

Réspice in me, & miserére mei ; * quia únicus & pauper sum ego.

Tribulatiónes cordis mei multiplicátæ sunt : * de necessitátibus meis érue me.

Vide humilitátem meam & labórem meum, * & dimitte univérsa delícta mea:

Réspice inimícos meos, quóniam multiplicati sunt, * & ódio iníquo odérunt me :

Custódi ánimam meam, & érue me ;* non erubéscam, quóniam sperávi in te.

Innocentes & recti adhæsérunt mihi, * quia sustínui te.

Líbera , Deus , Ifrael * ex ómnibus tribulatiónibus fuis.

Ant. Delicta juventútis meæ , & ignorántias meas ne meníneris , Dómine.

Ant. 4. E. Credo.

Pfalmus. 26.

DOminus Illuminátio mea , & falus mea ; * quem timébo ?

Dóminus protector vitæ meæ ; * à quo trepidábo ?

Dum apprópiant fuper me nocentes , * ut edant carnes meas.

Qui tríbulant me inimíci mei , * ipfi infirmáti funt & cecidérunt.

Si confiftant adversùm me caftra , * non timébit cor meum.

Si exurgat adversùm me prælium , * in hoc ego fperábo.

Unam pétii à Dómino , hanc requíram , * ut inhábitem in domo Domini ómnibus diébus vitæ meæ ;

Ut vídeam voluptátem Dómini , * & vífitem templum ejus ;

Quóniam abfcondit me in tabernáculo fuo : * in die malórum protexit me in abfcóndito tabernáculi fui.

In petra exaltávit me , * & nunc exaltávit caput meum fuper inimícos meos.

Circuívi & immolávi in tabernáculo

ejus

ejus hôftiam vociferationis : * cantábo, & pfalmum dicam Domino.

Exaudi, Dómine, vocem meam quâ clamávi ad te : * miferére meî, & exaudi me.

Tibi dixit cor meum , exquisívit te fácies mea : * fáciem tuam, Dómine , requíram.

Ne avertas faciem tuam à me : * ne declines in ira à fervo tuo.

Adjútor meus efto , ne derelinquas me, * ne que defpicias me, Deus falutáris meus ;

Quóniam pater meus & mater mea dereliquérunt me : * Dóminus autem aſſumpfit me.

Legem pone mihi , Dómine , in via tua ; * & dirige me in sémitam rectam propter inimícos meos.

Ne tradíderis me in ánimas tribulántium me ; * quóniam infurrexérunt in me teftes iníqui, & mentíta eft iníquitas fibi.

Credo vidére bona Dómini * in terra vivéntium.

Expecta Dóminum , viríliter age ; * & confortétur cor tuum, & fúſtine Dómine.

Ant. Credo vidére bona Dómini in terra vivéntium.

H

℣. Unam pétii à Dómino hanc requíram. ℟. Ut inhábitem in domo Dómini.

Lectio iv. Job. 13.

QUantas Hábeo iniquitátes & peccáta scélera osténde mihi. Cur fáciem tuam abscóndis, & arbitráris me
inimícum tuum? Contra fólium quod
vento rápitur, osténdis poténtiam tuam,
& stipulam siccam perséqueris. Scríbis
enim contra me amaritúdines, & consú-
mere me vis peccátis adolescéntiæ meæ.
Posuísti in nervo pedem meum, & ob-
servásti omnes sémitas méas, & vestí-
gia pedum meórum considerásti; qui
quasi putrédo consumendus sum, & quasi
vestimentum quod coméditur à tínea.

℟. Ecce ánimam meam porto in mánibus meis : * Etiamsi occíderit me, in
ipso sperábo, & ipse erit Salvátor meus,
℣. Sive vívimus, sive mórimur, Dómini
sumus; * Etiamsi.

Lectio. v. Job. 14.

HOmo natus est de mulíere, brevi
vivuns témpore, replétur multis
misériis. Qui quasi flos egréditur & con-
téritur, & fugit velut umbra, & nunquam in eódem statu pérmanet. & dignum ducis super hujuscémodi aperíre
óculos tuos, & addúcere eum tecum in
judícium. Quis potest fácere mundum

de immundo concéptum sémine ? Nonne tu qui solus es ? Breves dies hóminis sunt, númerus ménsium ejus apud te est; constituísti términos ejus, qui præteríri non póterunt. Recéde páululum ab eo, ut quiéscat, donec optáta véniat sicut mercenárii dies ejus.

℟. Hi qui cum pietáte dormitiónem accepérunt, óptimam habent repósitam grátiam. * Sancta ergo & salúbris est cogitátio pro defunctis exoráre, ut à peccátis solvántur. ℣. Si quis superædíficat super fundamentum, & opus ejus árserit, detriméntum patiétur; ipse autem salvus erit, sic tamen quasi per ignem. * Sancta ergo.

Lectio vj. Job. 14.

QUis mihi hoc tríbuat, ut in inferno prótegas me, & abscóndas me, donec pertránseat furor tuus, & constítuas mihi tempus in quo recordéris mei ? Putásne mórtuus homo rursum vivat ? Cunctis diébus, quibus nunc mílito, expécto donec véniat immutátio mea. Vocábis me, & ego respondébo tibi : óperi mánuum tuárum pórriges déxteram. Tu quidem gressus meos dinumerásti : sed parce peccátis meis.

H ij

AU III. NOCTURNE.

Qui se dit avant la Messe le Mercredi
& le Samedi.

Ant. 2. D. Amore.

Psalmus 38.

DIxi : Custódiam vias meas , * ut
non delinquam in lingua mea.

Pósui ori meo custódiam, * cúm con-
sisteret peccátor adversùm me.

Obmútui , & humiliátus sum , & sílui
à bonis ; * & dolor meus renovátus est.

Concáluit cor meum intrà me , & in
meditatióne mea exardéscet ignis : * locútus sum in lingua mea.

Notum fac mihi , Dómine , finem
meum , & númerum diérum meórum ,
quis est ; * ut sciam quid desit mihi.

Ecce mensurábiles posuísti dies meos ;
* & substántia mea tanquam níhilum
ánte te.

Verúmtamen univérsa vánitas , * omnis homo vivens.

Verúmtamen in imágine pertransit
homo ; * sed & frustrà conturbátur.

Thesaurízat , * & ignórat cui congregábit ea.

Et nunc quæ est expectátio mea ? nonne Dóminus ? * & substántia mea apud
te est.

Ab ómnibus iniquitátibus meis érue

me : * oppróbrium insipienti dedisti me.

Obmútui, & non apérui os meum ; * quóniam tu fecisti.

Amove à me plagas tuas : * à fortitúdine manûs tuæ ego deféci.

In increpatiónibus propter iniquitátem corripuisti hóminem, & tabéscere fecisti sicut aráneam ánimam ejus : * verúmtamen vanè conturbátur omnis homo.

Exaudi oratiónem meam, Dómine, & deprecatiónem meam : * áuribus pércipe lácrymas meas.

Ne síleas, quóniam ádvena ego sum apud te, & peregrínus, * sicut omnes patres mei.

Remitte mihi ut refrígerer, priúsquàm ábeam ; * & ámpliùs non ero.

Ant. Amove à me plagas tuas, Dómine : áuribus pércipe lácrymas meas.

Ant. 3. b. Numquid qui.

Psalmus 40.

BEátus qui intélligit super egénum & páuperem ; * in die mala liberábit eum Dóminus.

Dóminus consérvet eum, & vivíficet eum ; & beátum fáciat eum in terra, * & non tradat eum in ánimam inimicórum ejus.

Dóminus opem ferat illi super lectum

dolóris ejus : * universum stratum ejus versasti in infirmitáte ejus.

Ego díxi : Dómine, miserére meî ; * sana ánimam meam, quia peccávi tibi.

Inimíci mei dixérunt mala mihi : * Quando moriétur, & períbit nomen ejus ?

Et si ingrediebátur, ut vidéret, vana loquebátur : * cor ejus congregávit iníquitátem sibi.

Egrediebátur foràs, * & loquebátur in idipsum.

Adversùm me susurrábant omnes inimíci mei : * adversùm me cogitábant mala mihi.

Verbum iníquum constituérunt adversùm me : * numquid qui dormit, non adjíciet ut resúrgat ?

Etenim homo pacis meæ, in quo sperávi, qui edébat panes meos, * magnificávit super me supplantatiónem.

Tu autem, Dómine, miserére meî, & resúscita me : * & retríbuam eis.

In hoc cognóvi quóniam voluísti me, * quóniam non gaudébit inimícus meus super me.

Me autem propter innocéntiam suscepísti : * & confirmásti me in conspéctu tuo in ætérnum.

Benedíctus Dóminus Deus Israel à

século ; & usque in séculum : * fiat, fiat.

Ant. Numquid qui dormit, non adjíciet ut resurgat ? Dómine, miserére mei, & resúscita me.

Ant. 8. G. Sitívit.

Psalmus. 41.

QUemádmodùm desíderat cervus ad fontes aquárum, * ita desíderat ánima mea ad te, Deus.

Sitívit ánima mea ad Deum fortem, vivum : * quando véniam & apparébo ante fáciem Dei !

Fuérunt mihi lácrymæ meæ panes die ac nocte, * dum dícitur mihi quotídie : Ubi est Deus tuus ?

Hæc recordátus sum, & effúdi in me ánimam meam ; * quóniam transíbo in locum tabernáculi admirábilis, usque ad domum Dei,

In voce exultatiónis & confessiónis, * sonus epulantis.

Quare tristis es, ánima mea ? & quare contúrbas me ?

Spera in Deo, quóniam adhuc confitébor illi : * salutáre vultûs mei, & Deus meus.

Ad meipsum ánima mea conturbáta est ; * proptérea memor ero tui de terra Jordánis, & Hermóniim à monte modico.

Abyssus abyssum invocat, * in voce cataractárum tuárum.

Omnia excelsa tua & fluctus tui * super me transiérunt.

In die mandávit Dóminus misericórdiam suam, * & nocte canticum ejus.

Apud me orátio Deo vitæ meæ ; * dicam Deo : Suscéptor meus es.

Quare oblítus es meí ? & quare contristátus incédo, * dum affligit me inimícus ?

Dum confringuntur ossa mea, * exprobravérunt mihi qui tríbulant me inimíci mei ;

Dum dicunt mihi per síngulos dies : * Ubi est Deus tuus ?

Quare tristis es, ánima mea ? * & quare conturbas me ?

Spera in Deo, quóniam adhuc confitébor illi : * salutáre vúltus mei, & Deus meus.

Ant. Sitívit ánima mea ad Deum fortem, vivum : quando véniam & apparébo ante fáciem Dei !

℣. Quare tristis es, ánima mea ? & quare conturbas me ? Spera in Deo, quóniam adhuc confitébor illi.

Lectio vij.　　Job. 16. & 17.

BReves anni tránseunt ; & sémitam per quam non revertar, ámbulo.

Spíritus meus atténuábitur, dies mei breviabuntur, & folum mihi súpereft fepulcrum. Non peccávi, & in amaritudinibus morátur oculus meus. Líbera me Dómine, & pone me juxta te; & cujufvis manus pugnet contra me.

℞. Scio quód Redemptor meus vívit, & in novíffimo die de terra furrectúrus fum, * Et in carne mea vidébo Deum meum. ℣. Oportet corruptíbile hoc indúere incorruptiónem, & mortále hoc indúere immortalitátem; * Et in carne mea vidébo Deum meum.

Lectio viij. Job. 17.

DIes mei tranfiérunt; cogitatiónes meæ diffipátæ funt, torquentes cor meum. Noctem vertérunt in diem, & rurfum poft ténebras fpero lucem. Si fuftinúero: infernus domus mea eft; & in ténebris ftrávi léctulum meum. Putrédini dixi: Pater meus es; Mater mea & foror mea, vérmibus. Ubi eft ergo nunc præftolátio mea? & patiéntiam meam quis confíderat?

℞. Qui dórmiunt in terræ púlvere; * Evigilábunt; álii in vitam æternam, & álii in oppróbrium, ut vídeant femper. ℣. Omnes quidem refurgémus, fed non omnes immutábimur: * Evigilábunt.

Lectio ix.　　Job. 19.

PElli meæ, confúmptis cárnibus, adhæfit os meum, & derelícta funt tantúmmodò lábia circa dentes meos. Miferémini meí, miferémini meí, faltem vos amíci mei, quia manus Dómini tétigit me. Quare perfequímini me ficut Deus, & cárnibus meis faturámini? Quis mihi tríbuat, ut fcribantur fermónes mei? Quis mihi det, ut exaréntur in libro ftylo férreo, & plumbi lámina, vel celte fculpantur in fílice? Scio enim quód Redemptor meus vivit, & in novíffimo die de terra furrectúrus fum : & rurfum circúmdabor pelle mea, & in carne mea vidébo Deum meum : quem vifúrus fum ego ipfe, & óculi mei confpectúri funt, & non álius. Repófita eft hæc fpes mea in finu meo.

A L A M E S S E.

I N T R O Ï T. 4. *Efd.* 2. *Pf.* 64.

REquiem æternam dona eis, Dómine, & lux perpétua lúceat eis. *Pf.* Te decet hymnus, Deus, in Sion, & tibi reddétur votum in Jerúfalem : * exaudi oratiónem meam; ad te omnis caro véniet. Réquiem.

COLLECTE.

DEus, in cujus óculis non est ínnocens étiam laudábilis hominum vita, si remóta misericórdiâ discútias eam; ne exquíras peccáta animárum quas tibi commendámus : sed quam fiduciáliter sperámus ac pétimus, fac eas áliquam apud te indulgéntiam invénire ; [Per Dóminum.]

EPITRES.
POUR LE LUNDI.
Léctio libri Apocalypsis beáti Joannis Apóstoli. *c.* 14.

IN diébus illis; Audivi vocem de cœlo, dicentem mihi: Scribæ; Beáti mórtui, qui in Dómino moriuntur. Amodò jam dicit Spíritus, ut requiescant à labóribus suis : ópera enim illórum sequuntur illos.

POUR LE MARDI.
Léctio Epístolæ beáti Pauli Apóstoli ad Corínthios. 1. *Cor.* 15.

FRatres; Si Christus prædicátur quòd resurréxit à mórtuis, quòmodo quidam dicunt in vobis, quóniam resurréctio mortuórum non est? Si autem resurréctio mortuórum non est ; neque Christus resurrexit. Si autem Christus non resurréxit, inánis est ergo prædicátio nostra, inánis est & fides vestra : invenímur autem & falsi testes

Dei ; quóniam testimónium díximus adversùs Deum , quòd suscitáverit Christum , quem non suscitávit , si mórtui non resurgunt. Nam si mórtui non resurgunt ; neque Christus resurrexit. Quód si Christus non resurrexit , vana est fides vestra , adhuc enim estis in peccátis vestris. Ergo & qui dormiérunt in Christo , periérunt. Si in hac vita tantùm in Christo sperantes sumus , miserabilióres sumus ómnibus homínibus. Nunc autem Christus resurrexit à mórtuis primítiæ dormiéntium ; quóniam quidem per hóminem mors , & per hóminem resurréctio mortuórum.

POUR LE MERCREDI.
Léctio libri Ecclesiástici. c. 7.

G Rátia dati in conspéctu omnis viventis , & mórtuo non prohíbeas grátiam. Non desis plorántibus in consolatióne , & cum lugéntibus ámbula. Non te pígeat visitáre infirmum ; ex his enim in dilectióne firmáberis. In ómnibus opéribus tuis memoráre novíssima tua , & in æternum non peccábis.

POUR LE JEUDI.
Léctio Malachíæ Prophétæ. c. 4.

H Æc dicit Dóminus : Dies véniet succensa quasi camínus ; & erunt omnes superbi , & omnes facientes impietátem ,

piétátem, stípula ; & inflammábit eos
dies véniens, dicit Dóminus exercítuum, quæ non derelinquet eis rádicem
& germen. Et oritur vobis timéntibus
nomen meum sol justítiæ, & sánitas in
pennis ejus : & egrediémini, & saliétis,
sicut vítuli de armento. Et calcábitis
ímpios, cùm fùerint cinis sub planta
pedum vestrórum, in die quâ ego fá-
cio, dicit Dóminus exercítuum. Memen-
tóre legis Moysi servi mei, quam man-
dávi ei in Horeb ad omnem Israel, præ-
cepta & judícia. Ecce ego mittam vobis
Elíam Prophétam, ántequam véniat
dies Dómini, magnus & horríbilis : &
convertet cor patrum ad filios, & cor
filiórum ad patres eórum : ne forté véniam, & percútiam terram anathémate.

POUR LE VENDREDI.

Léctio Baruch Prophéte. 6. 3.

NUnc, Dómine omnípotens, Deus
Israel ; ánima in angústiis, & spíritus ánxius clamat ad te. Audi, Dómine, & miserére, quia Deus es miséricors, & miserére nostrî, quia peccávi-
mus ante te. Quia tu sedes in sempiternum, & nos períbimus in ævum ? Dómine omnípotens, Deus Israel, audi
nunc oratiónem mortuórum Israel.

POUR LE SAMEDI.

Léctio Joélis Prophétæ. c. 3.

HÆc dicit Dóminus : Consúrgant & ascendant Gentes in vallem Jósaphat ; quia ibi sedébo, ut júdicem omnes gentes in circúitu. Mitte falces, quóniam maturávit messis. Veníte, & descéndite ; quia plenum est torcúlar, exúberant torculária : quia multiplicáta est malítia eórum. Pópuli pópuli in valle concisiónis : quia juxta est dies Dómini in valle concisiónis. Sol & luna obtenebráti sunt, & stellæ retraxérunt splendórem suum. Et Dóminus de Sion rúgiet, & de Jerúsalem dabit vocem suam : & movebúntur cœli & terra.

GRADUEL.

Si ámbulem in médio umbræ mortis, non timébo mala : quóniam tu mecum es, Dómine. Virga tua & báculus tuus, ipsa me consoláta sunt *Pſ.* 22.

TRAIT.

Sicut cervus desíderat ad fontes aquárum : ita desíderat ánima mea ad te, Deus. Sitívit ánima mea ad Deum fórtem, vivum ; quando véniam, & apparébo ante fáciem Dei ? Fuérunt mihi lácrymæ meæ panes die ac nócte, dum dícitur mihi per síngulos dies. Ubi est Deus tuus ? *Pſ.* 41.

PROSE.

Dies iræ, dies illa,
Crucis expandens vexilla,
Solvet seclum in favilla.

Quantus tremor est futúrus,
Quando Judex est ventúrus,
Cuncta strictè discussúrus !

Tuba mirum spargens sonum
Per sepulcra regiónum,
Coget omnes ante thronum.

Mors stupébit & natúra,
Cùm resurget creatura,
Judicanti responsúra.

Liber scriptus proferétur,
In quo totum continétur,
Unde mundus judicétur.

Judex ergo cùm sedébit,
Quidquid latet apparébit,
Nil inultum remanébit.

Quid sum miser tunc dictúrus?
Quem patrónum rogatúrus,
Cùm vix justus sit secúrus ?

Rex tremendæ majestátis,
Qui salvandos salvas gratis,
Salva me fons pietátis.

Recordáre, Jesu pie,
Quòd sum causa tuæ viæ;
Ne me perdas illâ die.

Quærens me, sedisti lassus ;
Redemisti, crucem passus :

Tantus labor non sit cassus.
  Juste judex ultiónis,
Donum fac remissiónis
Ante diem ratiónis.

  Ingemisco, tamquam reus,
Culpâ rubet vultus meus:
Supplicanti parce, Deus.

  Peccatricem absolvisti,
Et latrónem exaudisti;
Mihi quoque spem dedisti.

  Preces meæ non sunt dignæ:
Sed tu bonus fac benignè
Ne perenni cremer igne.

  Inter oves locum præsta,
Et ab hœdis me sequestra,
Státuens in parte dextra.

  Confutátis maledictis,
Flammis ácribus addictis,
Voca me cum benedictis.

  Oro supplex & acclínis,
Cor contrítum quasi cinis;
Gere curam mei finis.

  Lacrymosa dies illa,
Quâ resurget ex favilla
  Judicandus homo reus:
Huic ergo parce, Deus.
  Pie Jesu Dómine,
Dona eis réquiem. Amen.

EVANGILES.
POUR LE LUNDI.

Sequéntia sancti Evangélii secundùm Joannem. *c.* 6.

IN illo témpore ; Dixit Jesus Judæis : Omne, quod dat mihi Pater, ad me véniet ; & eum, qui venit ad me, non ejíciam foras : quia descendi de cœlo, non ut fáciam voluntátem meam, sed voluntátem ejus, qui misit me. Hæc est autem voluntas ejus, qui misit me, Patris, ut omne quod dedit mihi, non perdam ex eo, sed resúscitem illud in novíssimo die. Hæc est autem voluntas Pátris mei, qui misit me, ut omnis qui videt Fílium, & credit in eum, hábeat vitam æternam ; & ego resuscitábo eum in novíssimo die.

POUR LE MARDI.

Sequéntia sancti Evangélii secundùm Joannem. *c.* 5.

IN illo témpore ; Dixit Jesus Judæis : Qui verbum meum audit, & credit ei, qui misit me, habet vitam æternam, & in judícium non venit, sed tránsiit à morte in vitam. Amen, amen dico vobis, quia venit hora, & nunc est, quando mórtui áudient vocem Fílii Dei ; & qui audíerint, vivent.

POUR LE MERCREDI.

Sequéntia sancti Evangélii secundùm
Joannem. *c.* 6.

IN illo témpore ; Dixit Jesus Judæis :
Nemo potest veníre ad me, nisi Pater, qui misit me, tráxerit eum ; & ego
resuscitábo eum in novíssimo die. Est
scriptum in Prophétis : Et erunt omnes
docíbiles Dei. Omnis qui audívit à Patre, & dídicit, venit ad me ; non quia
Patrem vidit quisquam, nisi is, qui est à
Deo, hic vidit Patrem. Amen, amen
dico vobis : Qui credit in me, habet
vitam æternam.

POUR LE JEUDI.

Sequéntia sancti Evangélii secundùm
Joannem *c.* 6.

IN illo témpore ; Dixit Jesus Judæis :
Amen, amen dico vobis, Nisi man-
ducavéritis carnem Fílii hóminis, &
bibéritis ejus sánguinem, non habébitis
vitam in vobis. Qui mandúcat meam
carnem, & bibit meum sánguinem, habet vitam æternam : & ego resuscitábo
eum in novíssimo die.

POUR LE VENDREDI.

Sequéntia sancti Evangélii secundùm
Matthæum. *c.* 24.

IN illo témpore ; Dixit Jesus Discípulis suis : Cœlum & terra transíbunt,
verba autem mea non præteríbunt. De

die autem illa & hora nemo scit , neque Angeli cœlórum , nisi solus Pater. Sicut aut autem in diébus Noe, ita erit & adventus Fílii hóminis. Sicut enim erant in diébus ante dilúvium comedentes & bibentes , nubentes & núptui tradentes , usque ad eum diem , quo intrávit Noe in arcam ; & non cognovérunt donec venit dilúvium , & tulit omnes : ita erit & adventus Fílii hóminis. Tunc duo erunt in agro ; unus assumétur , & unus relinquétur : duæ molentes in mola ; una assumétur , & una relinquétur. Vigiláte ergo , quia nescitis quâ horâ Dóminus vester ventúrus sit.

POUR LE SAMEDI.

Sequéntia sancti Evangélii secundúm Marcum. *c.* 13.

IN illo témpore ; Dixit Jesus Petro , & Jacóbo, & Joanni , & Andreæ : Sol contenebrábitur , & luna non dabit splendórem suum , & stellæ cœli erunt decidentes ; & virtútes , quæ in cœlis sunt , movebuntur. Et tunc vidébunt Fílium hóminis venientem in núbibus , cum virtúte multa , & glória. Et tunc mittet Angelos suos , & congregábit electos suos à quátuor ventis , à summo terræ , usque ad summum cœli.

OFFERTOIRE.

Dómine Jesu Christe, rex glóriæ, líbera ánimas ómnium fidélium defunctórum de manu inferni, & de profundo lacu : líbera eas de ore leónis, ne absorbeat eas tartarus, ne cadant in obscúrum : sed sígnifer sanctus Michael repræsentet eas in lucem sanctam, quam olim Abrahæ promisísti & sémini ejus.

SECRETE.

HAnc oblatiónem, quam tibi pro réquie & animábus famulórum tuórum, (famulárum tuárum) offérimus, quæsumus Dómine, propítius intuére ; & concéde, ut & mórtuis prosit ad véniam, quod cunctis vivéntibus præparáre dignátus es ad medélam : [Per Dóminum.]

PRÉFACE.

Dóminus vobíscum : ℟. Et cum spíritu tuo.

Sursum corda. ℟. Habémus ad Dóminum.

Grátias agámus Dómino Deo nostro. ℟. Dignum & justum est.

VEré dignum & justum est, æquum & salutáre, nos tibi semper & ubíque grátias ágere, Dómine sancte, Pater omnipotens, æterne Deus, per Christum Dóminum nostrum ; in quo nobis

spem beátæ resurrectiónis conceſsiſti ;
ut dum natúram contriſtat certa morien-
di condítio , fidem conſolétur futúræ
immortalitátis promiſsio. Tuis enim fidélibus , Dómine , vita mutátur, non
tóllitur ; & diſsolúta terreſtris hujus habitatiónis domo , æterna in cœlis habi-
tátio comparátur. Et ídeò cum Angelis &
Archángelis , cum Thronis & Domi-
natiónibus, cumque omni militia cœleſtis exércitûs , hymnum glóriæ tuæ cá-
nimus , fine fine dicentes.

COMMUNION.

Lux æterna lúceat eis , Dómine , cum
Sanctis tuis in æternum : quia pius es.

POSTCOMMUNION.

ANimábus famulórum tuórum (famulárum tuárum) Dómine , pro
quibus hoc tibi obtúlimus facrifícium ,
placátus adeſto ; ut ſi quæ eis máculæ de
terrénis contágiis adhæſérunt , miſera-
tiónis tuæ veniâ deleantur ; [Per Dóminum.]

Après la Meſſe.

℞. Líbera me , Dómine , ab iis qui
odérunt me : non absórbeat me profun-
dum , neque úrgeat ſuper me púteus os
ſuum : * Exaudi me , quóniam † Benigna eſt miſericórdia tua : § Intende áni-

mæ meæ, & libera eam. ℣. Dómine
Deus, rex seculórum, solus pius es:
* Exaudi me, quóniam † Benigna est
misericórdia tua: § Intende ánimæ meæ,
& libera eam. ℣. Miserére mei, Dómine, fili David : Dómine, ádjuva me :
† Benigna est misericórdia tua: § Intende ánimæ meæ, & libera eam. ℣. Pro-
pósuit te Deus propitiatiónem per fidem
propter remissiónem delictórum : § Intende ánimæ meæ, & libera eam. *On
repete le* ℟. Libera *jusqu'au* ℣. Dómine.

Pater noster, qui es in cœlis, sanctificétur nomen tuum : Advéniat regnum
tuum : Fiat voluntas tua; sicut in cælo,
& in terra : Panem nostrum quotidiánum
da nobis hódie : Et dimitte nobis débita
nostra, sicut & nos dimíttimus debito-
ribus nostris :

℣. Et ne nos indúcas in tentatiónem.
℟. Sed libera nos à malo.
℣. In memória æterna erunt Justi.
℟. Ab auditióne mala non timebunt.
℣. A porta ínferi.
℟. Erue Dómine, ánimas eórum.
℣. Credo vidére bona Dómini.
℟. In terra vivéntium.

Pſalmus 129.

DE profundis clamávi ad te, Dómine : * Dómine, exaudi vocem meam.

Fiant aures tuæ intendentes * in vocem deprecatiónis meæ.

Si iniquitátes obſerváveris, Dómine : * Dómine, quis ſuſtinébit ?

Quia apud te propitiátio eſt, * & propter legem tuam ſuſtínui te, Dómine.

Suſtinuit ánima mea in verbo ejus, * ſperávit ánima mea in Dómino.

A cuſtódia matutína uſque ad noctem * ſperet Iſrael in Dómino ;

Quia apud Dóminum miſericórdia, * & copióſa apud eum redémptio ;

Et ipſe rédimet Iſrael * ex ómnibus iniquitátibus ejus.

℣. Requieſcant in pace. ℞. Amen.

℣. Dómine, exaudi oratiónem meam.

℞. Et clamor meus ad te véniat.

℣. Dóminus vobiſcum.

℞. Et cum ſpíritu tuo.

Oremus.

ABſolve, quæſumus, Dómine, ánimam * fámuli tui N. [Sacerdótis vel Pontificis] [vel fámulæ tuæ N.] [vel ánimas * famulórum tuórum N. & N. vel famulárum tuárum N. & N.] & ánimas ómnium fidélium defunctórum,

ab omni vínculo delictórum; ut in resurrectiónis glória, inter sanctos & electos tuos refufcitáti refpírent; Per eum
qui ventùrus eft judicáre vivos & mórtuos, & séculum per ignem. ℟. Amen.
℣. Requiefcant in pace. ℟. Amen.

FIN.

www.ingramcontent.com/pod-product-compliance
Ingram Content Group UK Ltd.
Pitfield, Milton Keynes, MK11 3LW, UK
UKHW022039170726
13837UKWH00002B/687